シリーズ「古代文明を学ぶ」

インダス文明
ガイドブック

上杉彰紀［著］

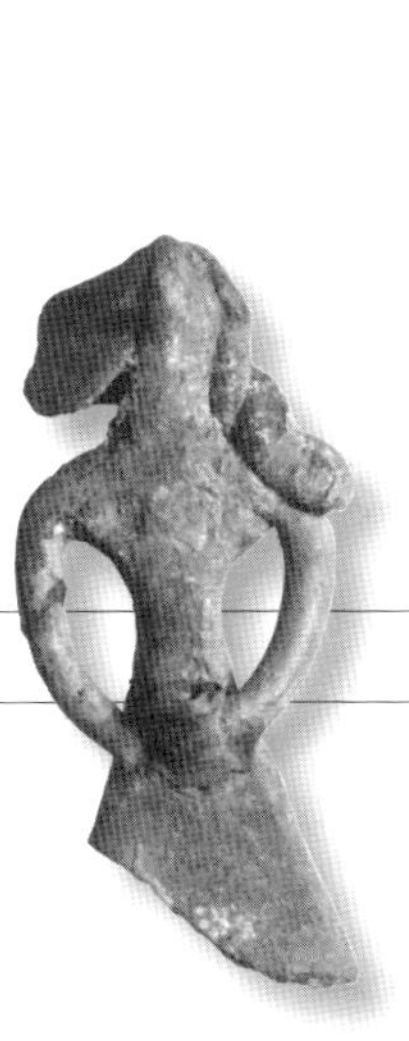

新泉社

目次

シリーズ「古代文明を学ぶ」

インダス文明ガイドブック

上杉彰紀 著

監修
西秋良宏

編集委員
安倍雅史
松本雄一
庄田慎矢
下釜和也

01 インダス文明が栄えた地域

インダス文明が栄えたのは、紀元前２６００～前１９００年頃の南アジア北西部の地域です。現代の国でいえば、パキスタンとインド北西部の地域に相当します。一部にはアフガニスタンにある遺跡も含まれており、東西、南北ともに１８００キロの範囲に及んでいます。

地形でみると、インダス川とその支流が形成した広大な沖積《ちゅうせき》平野を中心に、その周辺の平原部、高原地帯を含んでいます。降水量が著しく限られる地域もあれば、夏の季節風（７～９月）が５００ミリ以上の雨をもたらす地域もあります。アラビア海に面した海岸地帯を含んでいることも、インダス文明の特質を考えるうえで大切です。

こうした自然環境の多様性は、インダス文明の成立と展開のうえで重要な意味を有しています。一つは食料生産の多様性です。インダス文明を代表するモヘンジョダロ遺跡が位置するシンド地方やハラッパー遺跡があるパンジャーブ地方では、コムギ、オオムギを中心とする冬作物の栽培が卓越していますが、北東部のガッガル地方では冬作物とイネや雑穀を含む夏作物が栽培されていたことがわかっています。逆に南東部のグジャラート地方では、夏季の季節風による降水しかないことから、雑穀を中心とする夏作物が人々の生活を支えていたと考えられています。また降水量が限られる高原地帯では、局地的な農業生産に加えて牧畜という生活基盤が発達したと考えられます。それは平原部における定住農耕社会と高原部における牧畜社会の多様な関係がインダス文明の歴史において重要であることを示しています。

二つめは資源の偏在性です。平原部には降水量だけでなく、北のヒマラヤ山脈に発するインダス川とその支流が運んでくる豊かな水資源があり、潜在的に農業生産力が卓越していますが、それ以外の資源に乏しいという特徴があります。ガッガル地方は同じく平原部ですが、インダス平原とは異なる水環境†で、水資源の利用や土地利用、農法も異なっていたと考えられています。また、農業生産力以外の資源は限られています。一方、インダス平原やガッガル平原の周辺部に広がる北方山岳地域やバローチスターン地方、グジャラート地方の高原地帯は農業生産力は劣りますが、さまざまな石材や金属鉱石に恵まれているという特徴があります。

こうした各地で利用可能な資源が異なるという現象は、それぞれの地域に多様な生活スタイルや文化伝統を育んだ一方で、多様な特徴をもつ広大な地域をインダス文明という一つの都市社会にまとめあげるうえで重要な意味をもっています。

次章以下でみていくように、異なる自然環境のなかでかたちづくられた各地の地域社会と文化伝統が、偏在する資源を介してつながり、文明社会あるいは都市社会という広域型社会を生み出す基礎となったのです。また、広域型の都市社会のなかに取り込まれることになった各地の地域社会の関係がインダス文明の展開にも重要な意味を有しています。

このインダス文明社会がもつ自然環境と文化伝統における多様性と統一性は、この社会の特質を理解するうえで大きな手がかりとなるのです。異なる自然環境に根ざした多様な地域社会・文化群のあいだの関係がインダス文明社会をかたちづくっているということができます。

†インダス平原では、ヒマラヤ山脈の雪解け水を含めて豊富な水量がインダス川とその支流によって運ばれてくるが、ガッガル平原を流れるガッガル川とその支流は水量が限られており、インダス平原のような広大な氾濫原は形成されないという特徴がある。

インダス文明の遺跡

インダス文明の遺跡は広大な沖積平野を中心に、その周辺の高原地帯を含んだ地域に展開している。

インダス文明は、多様な地域社会と文化伝統を結びつけた広域型都市社会であった。

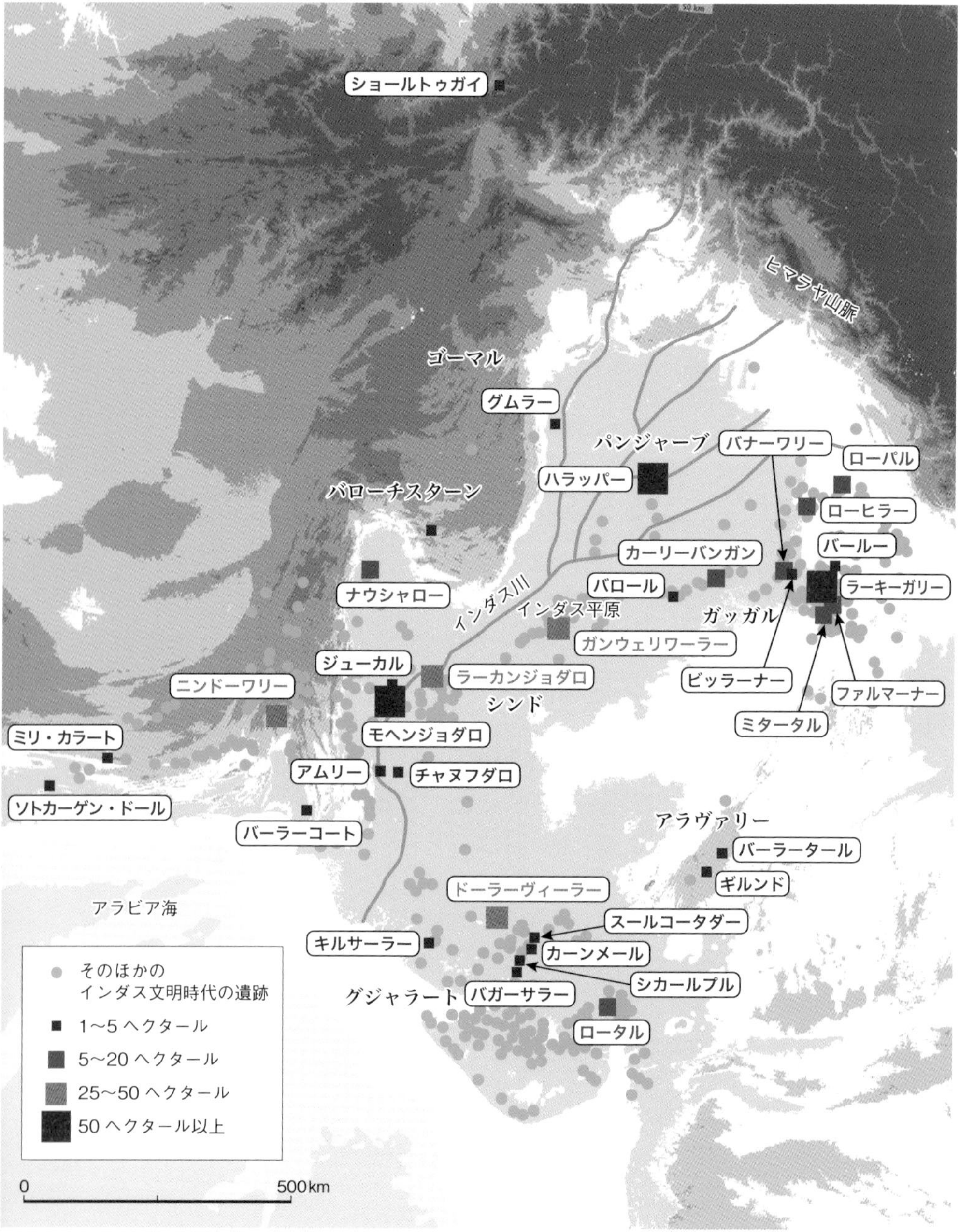

01 インダス文明が栄えた地域

インダス文明は西の乾燥地域と東の湿潤地域のちょうど境目にあたるところに栄えた文明である。この自然環境の移行帯には多様な環境が内包されており、文化的にも多様性に富んでいる。東西の地域との関係のなかでダイナミックな歴史が育まれた。

ユーラシア大陸の古代文明

衛星画像をみると、西アジアから南アジアにかけて黄土色の乾燥地域から緑に覆われた湿潤地域へと、気候が変化していくことがわかる。インダス文明はその成立と展開の過程で、西の文明世界と深い関わりをもっていたが、その終末期以降は東方との関係を強めていった。

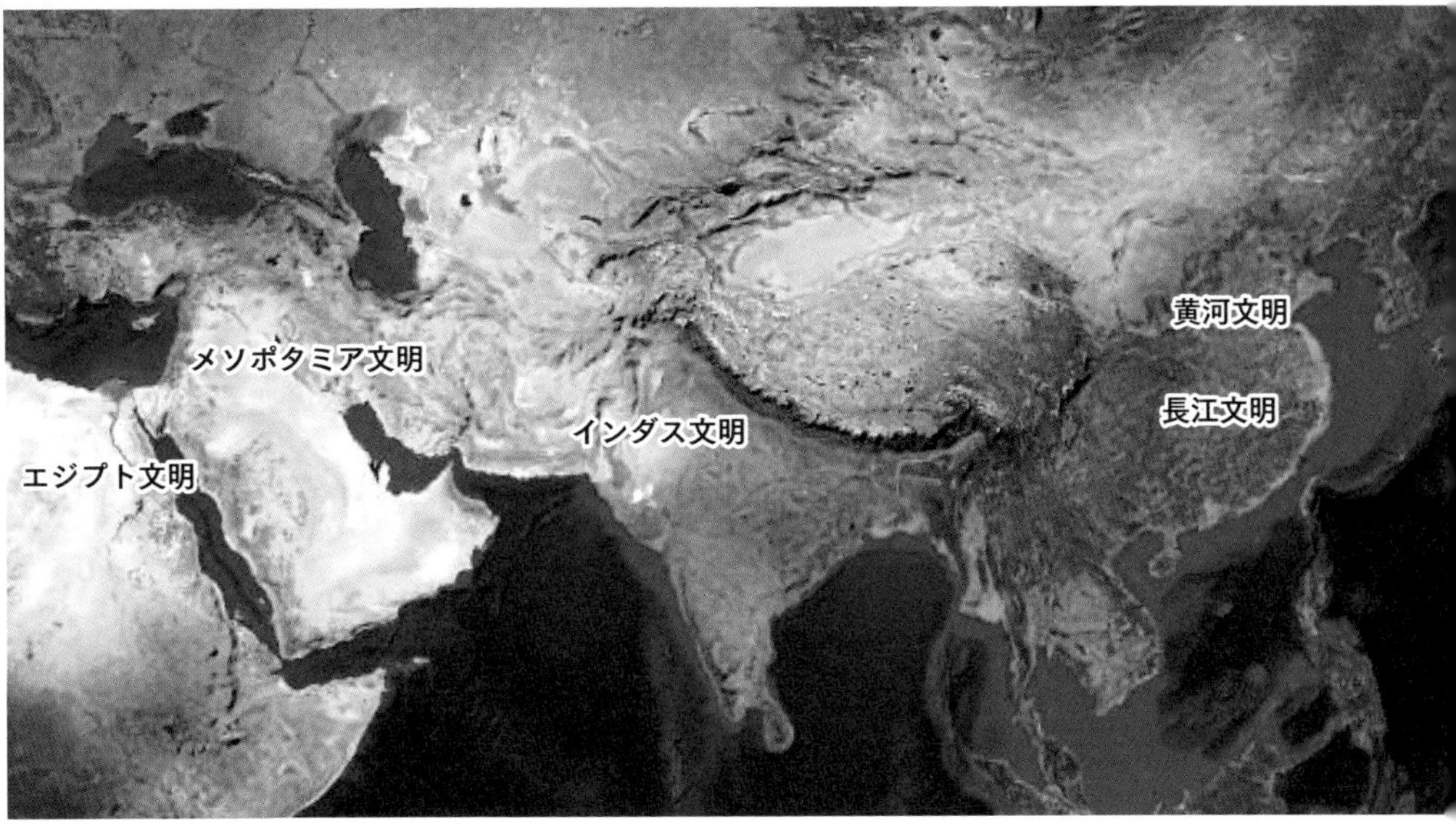

現代のインダス地域の景観

インダス文明の栄えた地域を西から東に移動すると、イラン高原の乾燥地帯からインド東半部の湿潤地帯への移行がみてとれる。こうした自然環境の多様性は、インダス文明の性質を考えるうえで重要な意味をもつ。

①イラン高原東部
②インダス川
③乾燥地域に暮らす遊牧民
④豊かな水を用いて田植えをする人々

02 インダス文明の範囲

インダス文明が栄えた時代（紀元前2600～前1900年頃）は、エジプトやメソポタミアに古代文明が発達した時期に相当しています。エジプトでは王のための巨大なピラミッドが次々とつくられ、メソポタミアでは神殿や王宮を擁する都市が生み出されました。また、本格的な文字が発達したのもこの時代のエジプトやメソポタミアです。

　これらの古代文明の特徴は、広大な地域が一つの社会のなかに取り込まれ、大規模な労働力や資源を動員することを可能にする社会の仕組みが生み出されたことや、遠く離れた地域に暮らす人々の間のコミュニケーションを可能にし、社会的規範や価値観を広く共有する社会が誕生したことを物語っています。

　古代文明の社会は周辺地域との交流関係を発達させ、広域を結びつけるネットワークをつくりあげました。メソポタミア文明を例にあげると、アナトリアやイランの高原地帯、ペルシア湾岸地域からアラビア半島、さらには中央アジア南部を交流ネットワークのなかに取り込み、文明社会を維持するための諸々の資源を得ていました。このメソポタミアを一つの核とする交流ネットワークを「西南アジア文明世界」†と呼ぶならば、インダス文明はその東端に花開いた文明ということができます。

†メソポタミアにおける都市社会の成立は、周辺にさまざまな影響を及ぼしたと考えられる。メソポタミアにはない資源が周辺地域との交易によってもたらされるとともに、人の移動も活発化し、周辺地域に交易の拠点が形成され、都市社会が形成されていく。そうした都市を拠点とした交流・交易の連鎖が「西南アジア文明世界」を生み出したと考えられる。インダス文明もそうした超広域ネットワークのなかでの人とモノの移動の活発化を基盤として成立した可能性が高い。

メソポタミアとつながることは、各地の社会にも大きな影響を与えました。逆に各地の社会や文化の動向がメソポタミアにも影響を与えています。インダス地域†もまたこの西南アジア文明世界に接続することで、文明社会の仕組みを生み出し、またメソポタミアやその周辺地域にも大きな影響を及ぼしています。インダス文明の成立と展開を西南アジア文明世界という広域的視点から捉えることは、この文明の特質を理解するうえで重要な手がかりとなります。

その一方で、インダス文明がメソポタミア文明とは異なる特徴をもつことは、単にインダス文明がメソポタミア文明あるいは西南アジア文明世界とのつながりだけで存在したわけではないことを示しています。西南アジア文明世界と関わりをもちながらも、インダスの地域内部での社会や文化の発展や動きがあったからこそ、インダス文明という独特の文明世界が生み出されたのです。

私は、インダス文明について、インダス文明域内各地の多様な自然環境に根ざした地域固有の社会や文化の単位（狭域）、インダス文明という一つのまとまり（広域）、西南アジア文明世界のなかでのインダス文明（超広域）という、少なくとも三つの空間スケールで考えるようにしています。異なる空間スケールでの事象が相互に関係しあってインダス文明という一つの歴史事象が生み出されたのです。こうした多層的な交流ネットワークはインダス文明社会の成立だけでなく、その展開と衰退においても重要な意味をもっています。広狭さまざまな地域間のつながりが、極めてダイナミックに変化する文明社会をかたちづくっていると考えることができます。インダス文明理解における交流関係の重要性については、これまでもさまざまなかたちで議論されてきましたが、異なる空間スケールでの交流関係が時間軸上でどのように変化したのかよくわかっていないのが現状です。

†インダス文明は、インダス平原だけでなく、その周辺の平野・高原地帯に広く展開した。本書では、インダス文明が展開した地域を「インダス地域」と総称する。

インダス文明の代表的な都市遺跡

シンド地方の中核的な都市であり、インダス文明を代表する都市遺跡であるモヘンジョダロをはじめ、インダス地域内各地には多くの都市が築かれた。

⑤モヘンジョダロ遺跡（シンド地方）

⑥ハラッパー遺跡（パンジャーブ地方）

⑦ドーラーヴィーラー遺跡（グジャラート地方）

⑧ラーキーガリー遺跡（ガッガル地方）

インダス文明の代表的な遺物

インダス文明は広い地域に展開した。ここにあげた遺物は広い範囲で出土しているもので、インダス文明社会の広域的統合性がうかがえる。

⑨印章

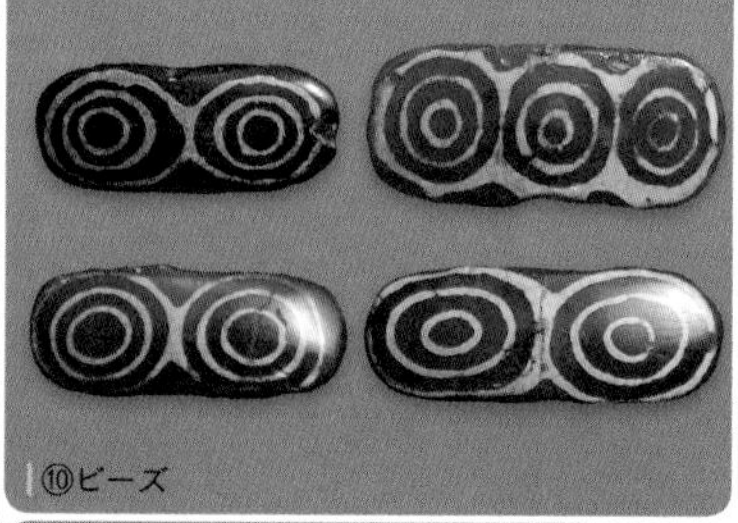

⑩ビーズ

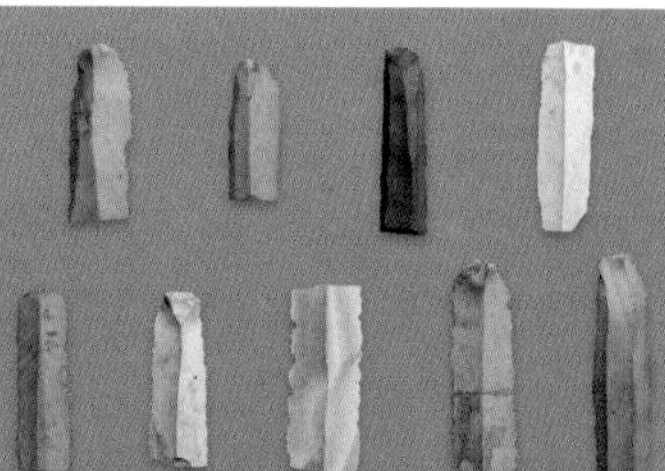

⑪チャート製鎌刃

⑫おもり

⑬銅製品

02 インダス文明の特徴と代表的な遺跡

世界四大文明の一つに数えられるインダス文明は、ユーラシア大陸の南西部に広がる「西南アジア文明世界」の一角に栄えた都市文明であった。人、物、情報が広く往きかった西南アジア文明世界のなかで、インダス文明はその東端に都市社会を発達させるとともに、交易品の輸出など、重要な役割を担った。

ユーラシア大陸の古代文明の比較

世界各地の古代文明と同様に、インダス文明は都市と文字の存在を最大の特徴としている。その一方で、ほかの古代文明とは異なり、壮大な王墓や神殿は確認されておらず、強力な権力の発達を見出すことは難しい。

<table>
<tr><th></th><th>エジプト</th><th>メソポタミア</th><th>インダス</th><th>中国</th></tr>
<tr><td rowspan="8">前1000年</td><td></td><td rowspan="4">カッシート王朝期</td><td rowspan="2">鉄器時代</td><td rowspan="8">初期王朝時代
（二里頭、二里岡、殷墟、三星堆など）</td></tr>
<tr><td rowspan="2">新王国時代</td></tr>
<tr><td rowspan="5">ポスト文明時代</td></tr>
<tr><td rowspan="2">第２中間期</td></tr>
<tr><td rowspan="2">古バビロニア王朝期</td></tr>
<tr><td rowspan="4">中王国時代</td></tr>
<tr><td rowspan="2">イシン=ラルサ期</td></tr>
<tr><td rowspan="6">インダス文明時代</td></tr>
<tr><td rowspan="8">前2000年</td><td rowspan="2">ウル第３王朝期</td><td rowspan="10">新石器時代後期
（仰韶、龍山、良渚、屈家嶺、石家河など）</td></tr>
<tr><td rowspan="2">第１中間期</td></tr>
<tr><td rowspan="2">アッカド王朝期</td></tr>
<tr><td rowspan="3">古王国時代</td></tr>
<tr><td rowspan="3">初期王朝期</td></tr>
<tr><td rowspan="6">先文明時代</td></tr>
<tr><td rowspan="2">初期王朝時代</td></tr>
<tr><td rowspan="2">ジェムデット・ナスル文化期</td></tr>
<tr><td rowspan="3">前3000年</td><td rowspan="4">先王朝時代</td></tr>
<tr><td rowspan="2">ウルク文化期</td></tr>
<tr><td rowspan="2">新石器時代中期
（仰韶、大汶口、河姆渡、崧澤など）</td></tr>
<tr><td>前4000年</td><td>ウバイド文化期</td><td>新石器時代</td></tr>
</table>

①エジプト、ギザの王墓群

②メソポタミア、ウルの都市と神殿

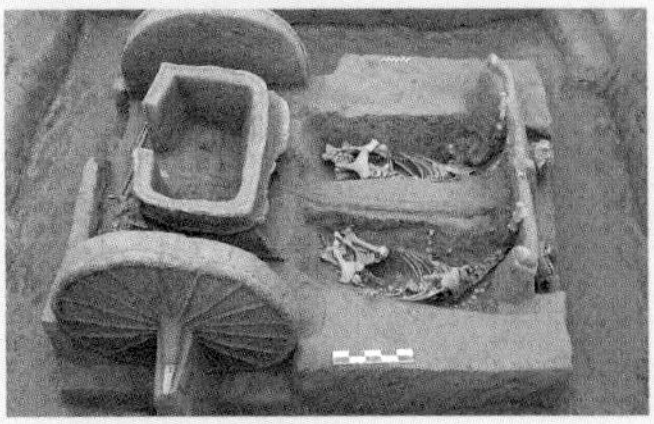

③中国、殷墟の車馬坑

TOPIC インダス文明の発見

1921年、ハラッパー遺跡とモヘンジョダロ遺跡の調査により、インダス文明は発見された。その後の研究で、インダス文明誕生の契機や文明の展開などが明らかとなった一方で、どのような人々が文明を生み出し、どのような社会組織によって文明は支えられていたのか、なぜインダス文明は滅びたのかなど、研究の課題は多い。

④モヘンジョダロ遺跡の居住域の様子

03 インダス文明の編年

前章で述べた多層的な空間スケールと並んでインダス文明を考えるうえで重要なのが、その盛衰に関わる時間軸です。インダス文明は紀元前２６００〜前１９００年頃に栄えましたが、その成立を考えようとすれば、前２６００年以前の時代の社会や文化について理解することが不可欠です。また、インダス文明の衰退を理解するためには、前１９００年以降の時代についても目を配る必要があります。

この本では、前２６００〜前１９００年を「インダス文明時代」と呼び、前４０００〜前２６００年のインダス文明の基盤が形成された時代を「先文明時代」、前１９００〜前１５００年のインダス文明が衰退し、次の時代へと移り変わっていく時代を「ポスト文明時代」と呼ぶことにしましょう。この三つの時代区分がインダス文明を理解するうえでの基礎的な枠組みとなります。

それぞれの時代はさらに細分することが可能です。特にインダス文明時代の細分は、文明社会の移り変わりを把握するうえでたいへん重要です。インダス文明時代は、物質文化、特にハラッパー式土器の変化にもとづいて、前・中・後期に分けることができます。これにC14年代測定の結果を組み合わせると、前期が前２６００〜前２４００年頃、中期が前２４００〜前２２００年頃、後期が前２２００〜前１９００年頃となります。この編年に土器以外の、住居や印章、装身具といったほかの物質文化の要素を位置づけることにより、インダス文明時代の物質文化、ひいてはインダス文明社会の変遷を把握することができるようになります。

また、インダス文明社会の物質文化の時間的変遷を検討することは、地域的な多様性と共通性を把握することにもつながります。インダス文明の特質として「統一性」と「多様性」をあげることができますが、インダス文明時代の物質文化には広域的に共通する要素と地域的な偏りをみせる要素が併存しています。前者の代表は「ハラッパー文化」と呼ばれるもので、この文化に属するハラッパー式土器はインダス地域内に広く分布するという特徴を有しています。その一方で、地域的な土器様式や土偶など、一定の地域に限定される要素もあり、それは先文明時代から続く各地の地域文化伝統をなしています。

単純化していえば、広域展開型のハラッパー文化と狭域限定型の地域文化群によってインダス文明時代の物質文化と社会はかたちづくられているのですが、両者の間には密接な関係があったこともわかっています。たとえば、インダス文明時代の印章は広域に分布していることから、ハラッパー文化が生み出した要素と考えたくなりますが、その出現と展開の過程をみると、ハラッパー文化だけの産物ではなく、地域文化との交流関係が深く関わっている可能性があります。

これまではインダス文明の物質文化＝ハラッパー文化という理解が一般的でしたが、近年の研究によってハラッパー文化と地域文化群が併存していたことが確実になっており、統一性と多様性、ハラッパー文化と地域文化群の関係をいかに読み解くか、またその関係性がインダス文明時代を通してどのように変化したか把握することがインダス文明研究の大きな課題となっています。

土器にみるインダス文明の広域性と地域性

広域的に展開するハラッパー式土器と各地に展開する地域型土器様式群の時間的関係にもとづいて、インダス文明時代は細分化される。これにより、社会の変化を具体的に跡づけることが可能になる。

①ハラッパー式土器

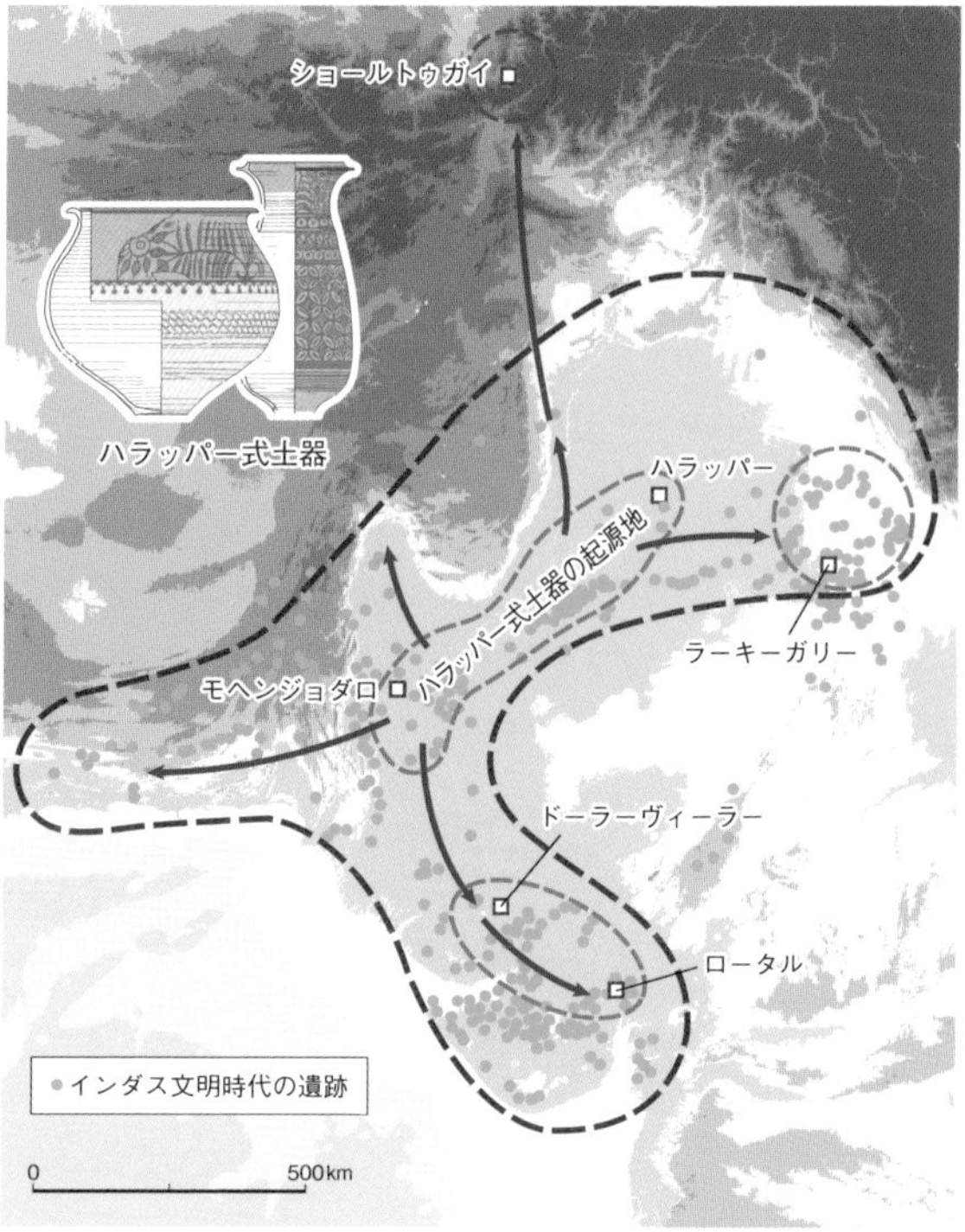

②ハラッパー式土器の起源地と拡散範囲：ハラッパー式土器は、ロクロによる高速回転を用いた製作技術を特徴とする土器様式である。インダス文明時代初頭にシンド地方・パンジャーブ地方に出現し、インダス文明時代前期に周辺地域へと広く拡散した

a バーラー式土器

b アナルタ式土器

c ソーティ=シースワール式土器

d ソーラート・ハラッパー式土器

e バナース式土器

f クッリ式土器

③インダス文明各地の地域型土器様式群：広域に展開するハラッパー式土器とともに、各地で先文明時代以来展開してきた地域型土器様式もインダス文明の構成要素の一つであり、インダス文明社会の成立と変遷を理解するうえで重要である。各土器様式間の関係からは、インダス文明社会の多様性と統一性、そして複雑性が読みとれる

03 インダス文明の時代と時期区分

インダス文明は、都市の存否を基準に、先文明時代、インダス文明時代、ポスト文明時代に区分され、さらに先文明時代とインダス文明時代は細分される。

インダス文明社会は、かつて考えられていたような均質的で変化に乏しい社会ではなく、多様な要因が複雑に絡み合いながらダイナミックに展開したことが明らかになりつつある。

インダス文明の編年と社会・文化の変化

インダス文明をなす物質文化には多様な要素と背景があり、それらが複雑に絡み合うなかで、インダスの都市社会はダイナミックに変化した。

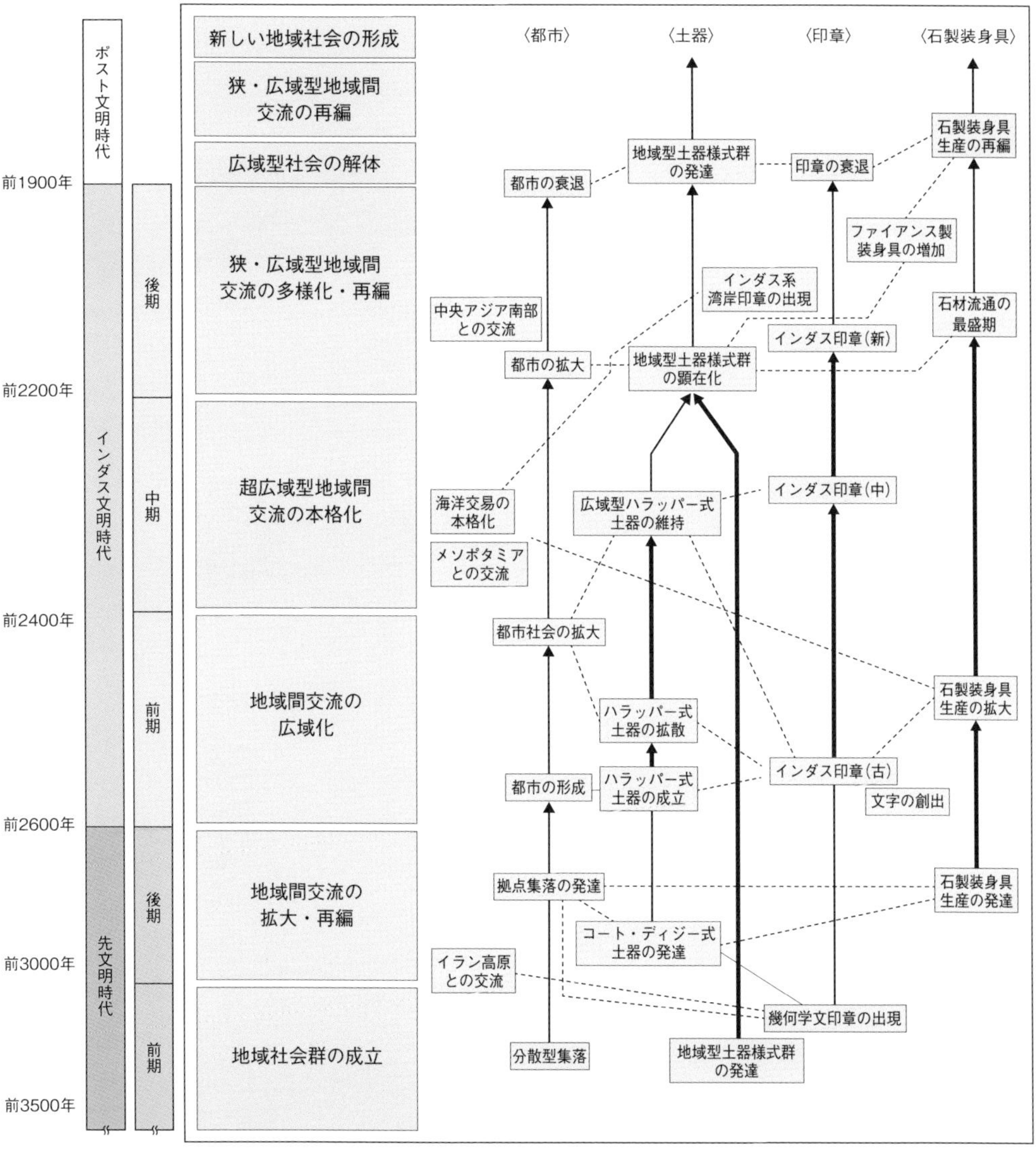

04 インダス文明研究の歴史

インダス文明の研究がはじまってから、２０２１年で１００年を迎えました。その間に、多くの遺跡が発見・発掘され、この古代文明のさまざまな側面について研究が蓄積されてきました。

イギリスによる植民地統治時代にあたる１９２１年、モヘンジョダロとハラッパーというインダス文明を代表する都市遺跡の初期の発掘調査†がおこなわれました。１９３０年代までにはその報告書が刊行され、インダス文明の特徴が広く世の中に知られるようになりました。１９４７年にインドとパキスタンが分離独立すると、インドではインド人研究者が、パキスタンでは現地研究者に加えて欧米の研究者が調査・研究を進めるという、両国で異なったインダス文明研究の方向性がみられるようになります。同じ考古学といっても、国によって調査や研究の方法・視点は多様です。その結果、一方ではインダス文明という一つの歴史事象に対して、両国で異なるアプローチが採られることになりましたが、もう一方では異なる研究視点にもとづいた成果が生み出されたと評価することもできます。

日本人によるインダス文明に対する取り組みは、１９３０年代に現地を訪れて当時最新の発掘に関する情報をもたらした研究者もいましたが、研究というかたちをとるようになったのは、１９６０年代以降のことです。とはいえ、インド、パキスタン現地で発掘調査をするにはいたらず、

† ハラッパー遺跡自体は１８２９年に発見され、１８５０～７０年代に調査がおこなわれていたが、この段階には未知の先史文化として認識されるにとどまっていた。メソポタミア文明と同時代の青銅器時代に属する「インダス文明」として明確にされるには１９２０年代の発掘調査をまたなければならなかった。

外国人研究者の研究成果を紹介するのが主流でした。

インドでは１９８０年代から外国人による現地調査も部分的に可能になり、２０００年代になると、複数の外国調査隊が発掘をおこなうようになります。日本では、総合地球環境学研究所が中心となり、「環境変化とインダス文明」と題したプロジェクトが、インド人研究者と共同でインド北西部で発掘調査をおこなっています。このプロジェクトはインダス文明の盛衰と自然環境の変化の関係を明らかにするのが主たるテーマで、発掘調査や古環境調査を実施していました。私もこのプロジェクトに参加して、現地に長く滞在し、発掘で出土した膨大な数の遺物を記録することによって、インダス文明の物質文化に関する基礎研究に着手しました。

近年、さまざまな自然科学分析の手法が考古学の研究にも導入されるようになり、研究手法は著しく多様化していますが、そうした状況にあっても、遺跡で出土した遺構や遺物を記録し、研究のための基礎データを整備することが不可欠です。編年研究や遺物の形態・技術研究など、いわば考古学の基礎研究に相当する部分です。ここがしっかりしていないと、なかなか研究は進みません。私が、過去20年近くにわたってインド、パキスタンで苦労を重ねて進めてきたのはこの基礎研究ですが、それによって、インダス文明の見え方あるいは捉え方は大きく変わってきました。実際に現地で遺跡に立ち、出土遺物を手に取って研究を進めると、かつては変化に乏しいと考えられていたインダス文明が実は著しい多様性と時間的変容を伴っていたことがわかってきたのです。ようやく最近になって、インド、パキスタンだけでなく、欧米諸国の研究者と交流し、議論を闘わせることが可能になってきたのは、最近軽視されがちな基礎研究の成果によるものです。多様性と統一性の時間的変遷という文明社会のダイナミズムが今後の研究の最大の課題となっていくでしょう。

さまざまな考古学の研究手法

考古学の研究ではさまざまな手法が用いられている。伝統文化を考古学的手法で研究する民族考古学、先史時代の技術を復元する実験考古学、そして近年発達が著しいデジタル技術を用いた調査などをその代表例としてあげることができる。

⑤**民族考古学：**南アジアには、徐々にかたちを変えながらも、伝統的な工芸品生産や生活文化伝統が人々の生活の身近なところに残っている。こうした現代に残る伝統文化を観察することは、遺跡から出土する遺構や遺物の解釈に大きな手がかりを与えてくれる。写真はグジャラート地方における土器工房での一場面

⑥**実験考古学：**アメリカ人考古学者ジョナサン・マーク・ケノイヤーは、遺跡の調査だけでなく、民族考古学、実験考古学を組み合わせて、インダス文明の時代の技術と文化の理解に大きく貢献している。インダス文明の方が現代よりも高い技術を有している分野もあり、多角的なアプローチが求められる。写真はケノイヤーによる銅製錬実験の様子

⑦**記録技術：**デジタル技術の導入により、これまでは研究の対象とすることもかなわなかったデータが得られるようになり、考古学はいわばビッグデータの時代を迎えている。写真は、南インドのケーララ州にある中世の城郭遺跡での測量風景で、トータルステーションと呼ばれる器械で遺跡の測量調査をおこなっているところ

04 インダス文明の研究手法

考古学全般における近年の研究手法の多様化は、インダス文明研究にも影響を与えつつある。その一方で、遺跡や遺構、遺物に関するデータの整理・分析にもとづいた基礎研究も不可欠である。基礎研究と最新の考古科学の応用が、私たちのインダス文明に対する理解を刷新していくことになるだろう。

初期のインダス文明研究

インダス文明の研究は、1921年におこなわれたハラッパー遺跡・モヘンジョダロ遺跡の本格的な発掘調査を嚆矢とする。

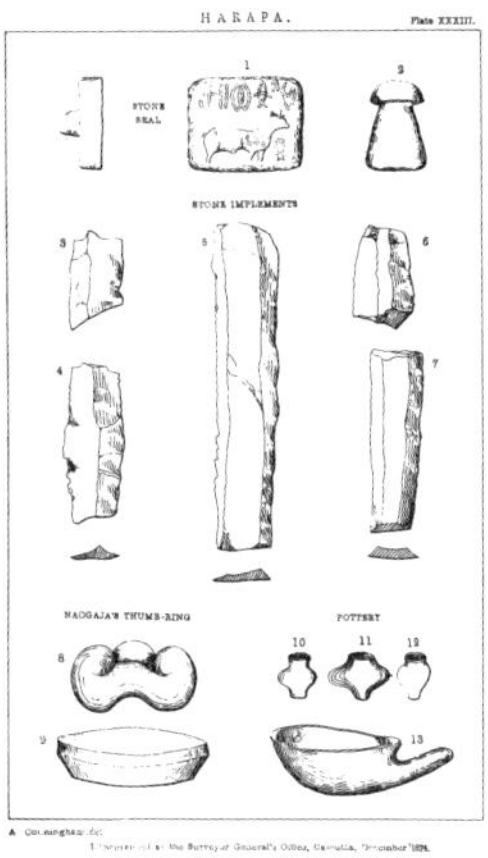

①19世紀末のハラッパー遺跡の調査で出土した印章や土器、石器のスケッチ

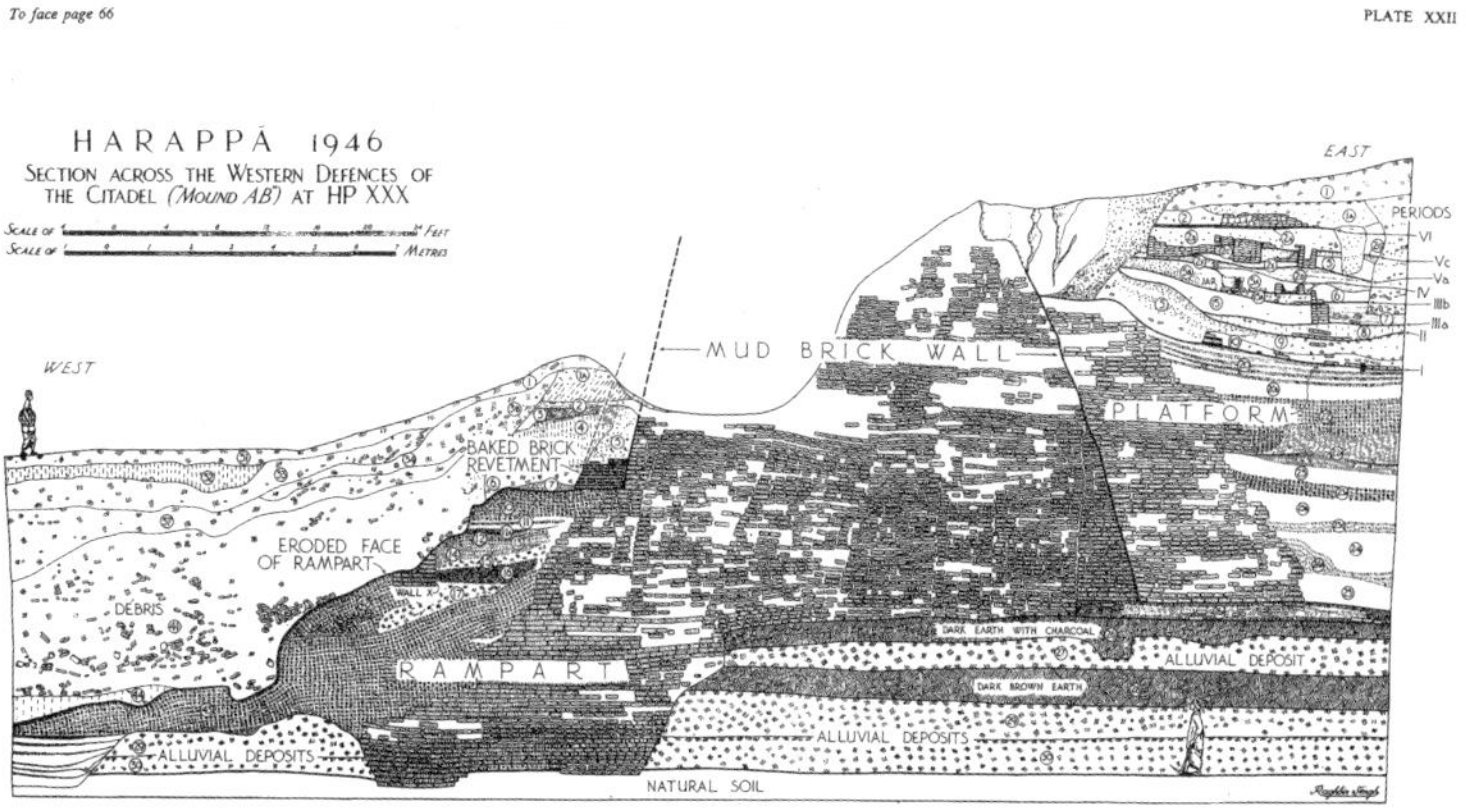

②1946年のハラッパー遺跡の調査で確認された城壁の土層断面図

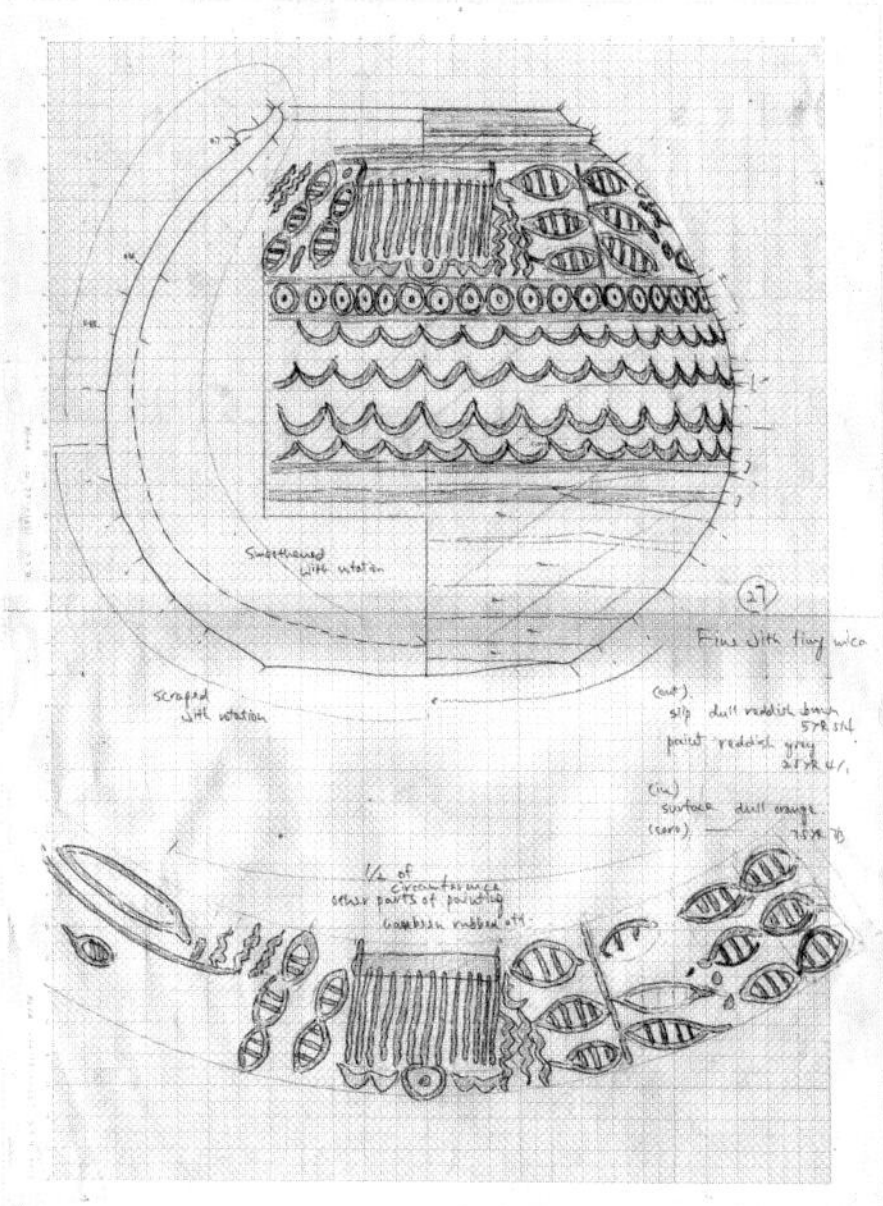

④手描きのハラッパー式彩文土器の実測図

考古学の基礎研究

考古学では、遺跡で発見された遺構や遺物を図や写真とともに記録し、基礎データを蓄積していく。

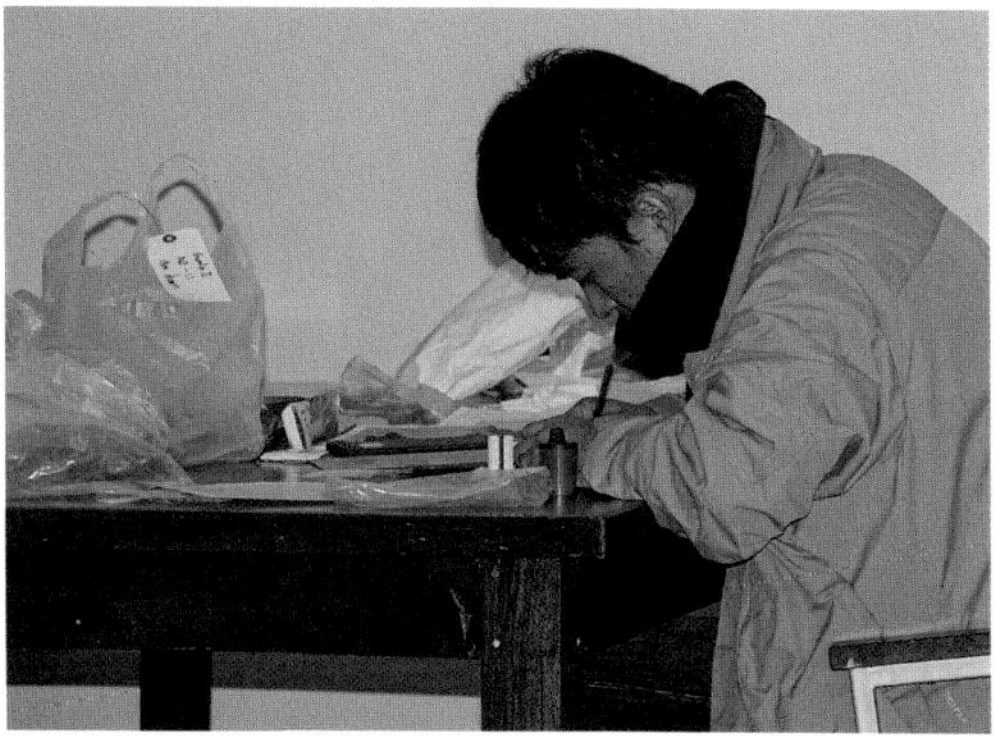

③寒さ厳しいパキスタン北部のペシャーワル大学博物館で、震えながらおこなった遺物整理作業の様子

05 インダス文明の成り立ち

インダス文明の起源を考えるにあたっては、都市の成立過程や物質文化の変化など、さまざまな研究課題がありますが、広域型社会の成立過程、すなわち広域を結びつける交流ネットワークの発達過程を追うことが一つの重要な手がかりとなります。

インダス文明が出現した南アジア北西部には、紀元前7000年頃に農耕と牧畜を特徴とする新石器文化が出現します。その代表的遺跡であるメヘルガル遺跡†（バローチスターン地方）では、新石器時代から銅石器時代、青銅器時代にかけての社会と文化の変遷を知るうえで重要な知見が得られており、インダス文明の時代につながる食料生産技術の起源が、インダス文明時代をはるかにさかのぼることが明らかになっています。

実はインダス地域の各地で人の生活痕跡が面的に捉えられるようになるのは、前4000〜前3500年頃のことです。一定の地域空間に共通する物質文化要素の広がりがインダス地域各地に認められるようになるのです。パンジャーブ地方やガッガル地方、グジャラート地方、バローチスターン地方の各地に出現した特徴的な彩文土器群がそうした地域社会のまとまりを示しています。すなわち、この時期までに、各地に人々の生活領域の広がりと狭域交流を通した地域社会の枠組み、文化伝統が形成されていたとみることができます。

†メヘルガル遺跡に匹敵する、新石器時代から銅石器時代にかけての遺跡はほとんど発見・調査されていない。インダス地域各地で一定数の遺跡が見つかるようになるのは、前4000年以降のことである。それ以前の時期の社会の様相については今後の調査をまたざるを得ない。

前３５００～前３０００年の時代には、そうした地域社会群のあいだで交流関係が顕著にみられるようになります。また、この時代に印章が出現することも、交流関係の発達と密接につながっています。

注目されるのは、このインダス地域内の交流ネットワークが西方のイラン高原とつながっていたことです。インダス地域の西半部に広がるバローチスターン地方はイラン高原とインダス地域をつなぐ通廊の役割を果たしています。バローチスターン地方が一つの核となってその東西の地域を結びつけていたのです。

ところが、前３０００～前２６００年頃になると、インダス平原が交流の核として台頭してきます。平原部に広く展開したコート・ディジー文化です。この文化はインダス平原部のシンド、パンジャーブ地方に起源したと考えられますが、周辺の地域社会とさまざまな交流関係を築き、交流ネットワークの中心的役割を果たすようになります。このことは、この時期に平原部で印章が広く分布するようになることにもみてとることができます。印章の出現は、地域社会間の交流関係がより深まり、人の移動を管理しようとする動きが生じていたことを示しています。

このコート・ディジー文化の土器は続くインダス文明時代のハラッパー式土器の祖形となっています。また、この時期の凍石《とうせき》製印章もまた、インダス文明時代の印章とのつながりを示しています。ここにインダス文明成立におけるコート・ディジー文化の重要性をみてとることができますが、より重要なのはコート・ディジー文化そのものよりも、コート・ディジー文化と周辺の地域社会との交流関係です。この交流関係の発達のなかで、地域間の結びつきがより強くなり、インダス文明時代の広域型社会の基盤が形成されたのです。

先文明時代の地域間交流ネットワーク

先文明時代にはイラン南東部からインダス平原にかけて交流ネットワークが発達し、各地の社会に変化を引き起こした。

シャフレ・ソフテ遺跡はラピスラズリを含む工芸品センター、メヘルガル遺跡はイランとインダスをつなぐ交通の要衝、コート・ディジー遺跡はインダス平原の拠点集落である。また、ジュナー・カティヤー遺跡で発見されたコート・ディジー系土器を副葬する墓はコート・ディジー文化の拡大を考えるうえで重要である。

⑦シャフレ・ソフテ遺跡（イラン南東部）
⑧メヘルガル遺跡（バローチスターン地方）
⑨コート・ディジー遺跡（シンド地方）
⑩ジュナー・カティヤー遺跡（グジャラート地方）

先文明時代の印章

先文明時代前期に出現した印章は、後期になるとより広い範囲に分布するようになる。南北二つの地域グループはいずれもイランに通じる幾何学文を刻むが、素材に違いがあり、とくに凍石を用いる北方グループはインダス文明時代の印章と深い関係を有している。

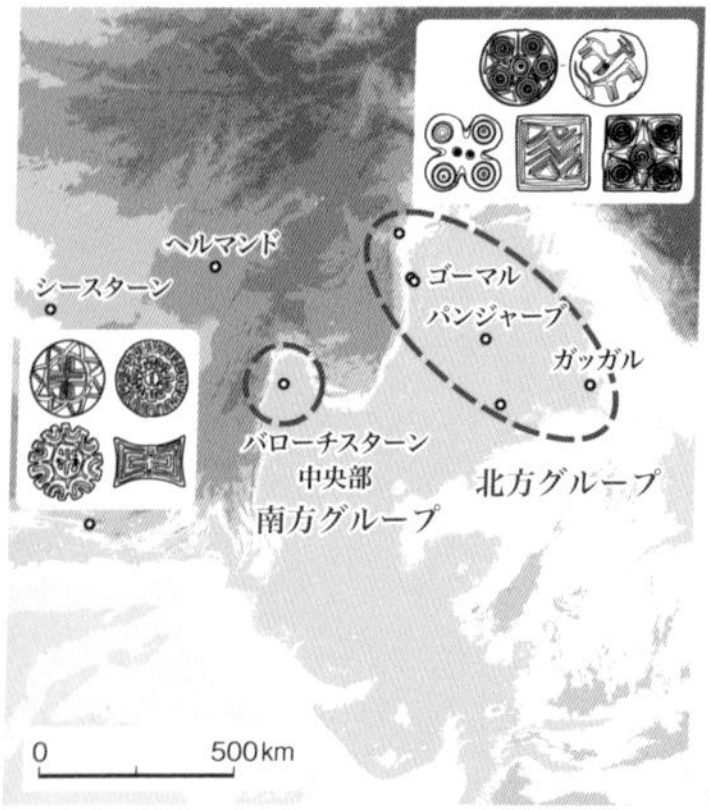

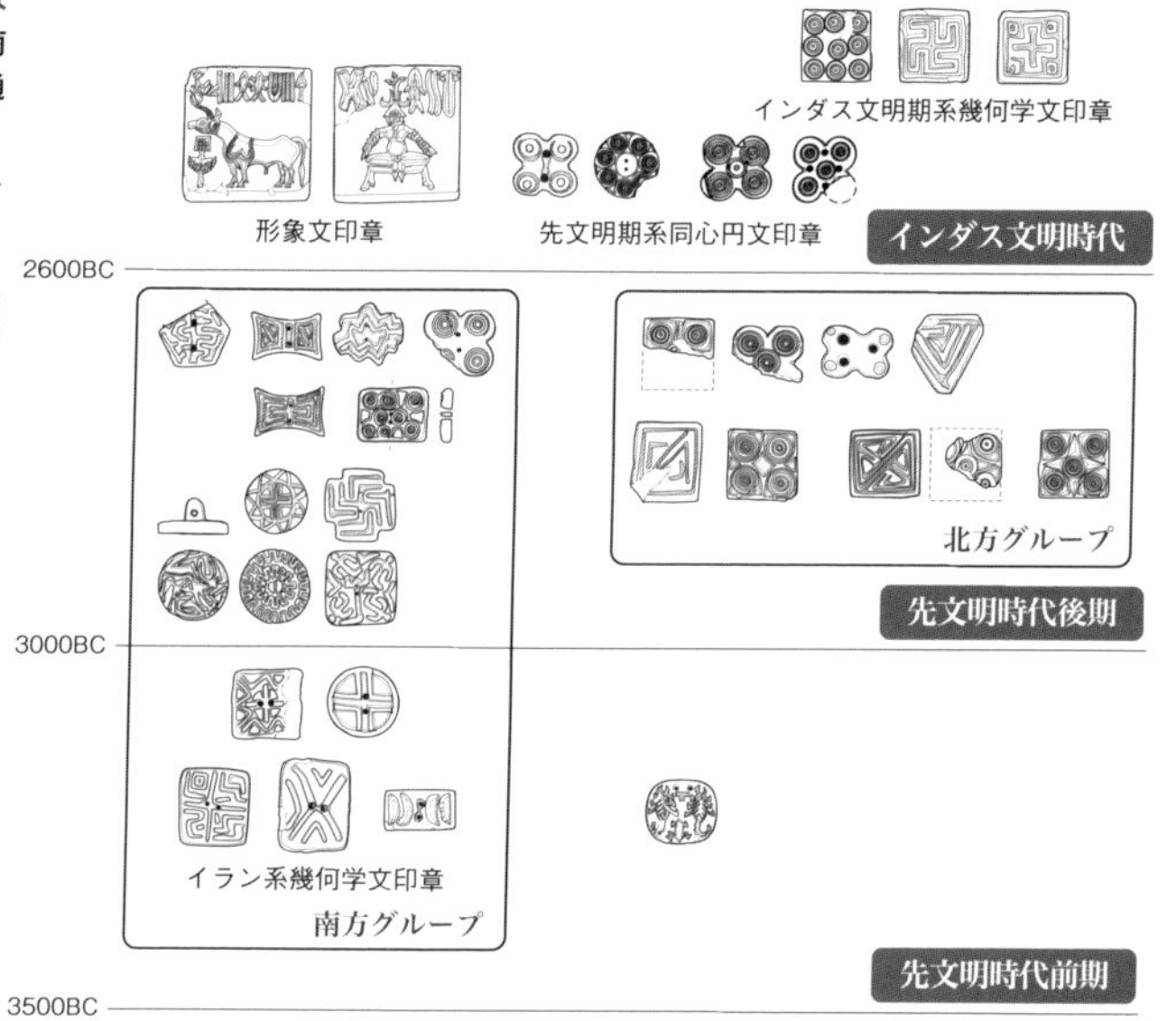

先文明時代の幾何学文印章

インダス文明時代の遺跡からの出土資料であるが、先文明時代後期の北方グループの印章に共通する特徴をもつ。先文明時代の印章が文明時代においても意味・価値を有して使用されていたことがわかる。

表　　裏

05 先文明時代の社会

インダス各地に地域社会が成立したのが、先文明時代である。同時に地域社会間の交流関係も発達し、後にインダス地域全体をカバーする広域型交流ネットワークの形成へといたった。

先文明時代のインダス地域と地域型土器様式群

先文明時代後期には、コート・ディジー文化がインダス平原に拡大し、周辺地域との交流関係を深める。その西端はイラン高原南東部にもつながっていた。

先文明時代の各地の土器

①ファイズ・ムハンマド式土器

②トーチ＝ゴーマル式土器

③ナール式土器

コート・ディジー式土器の拡散

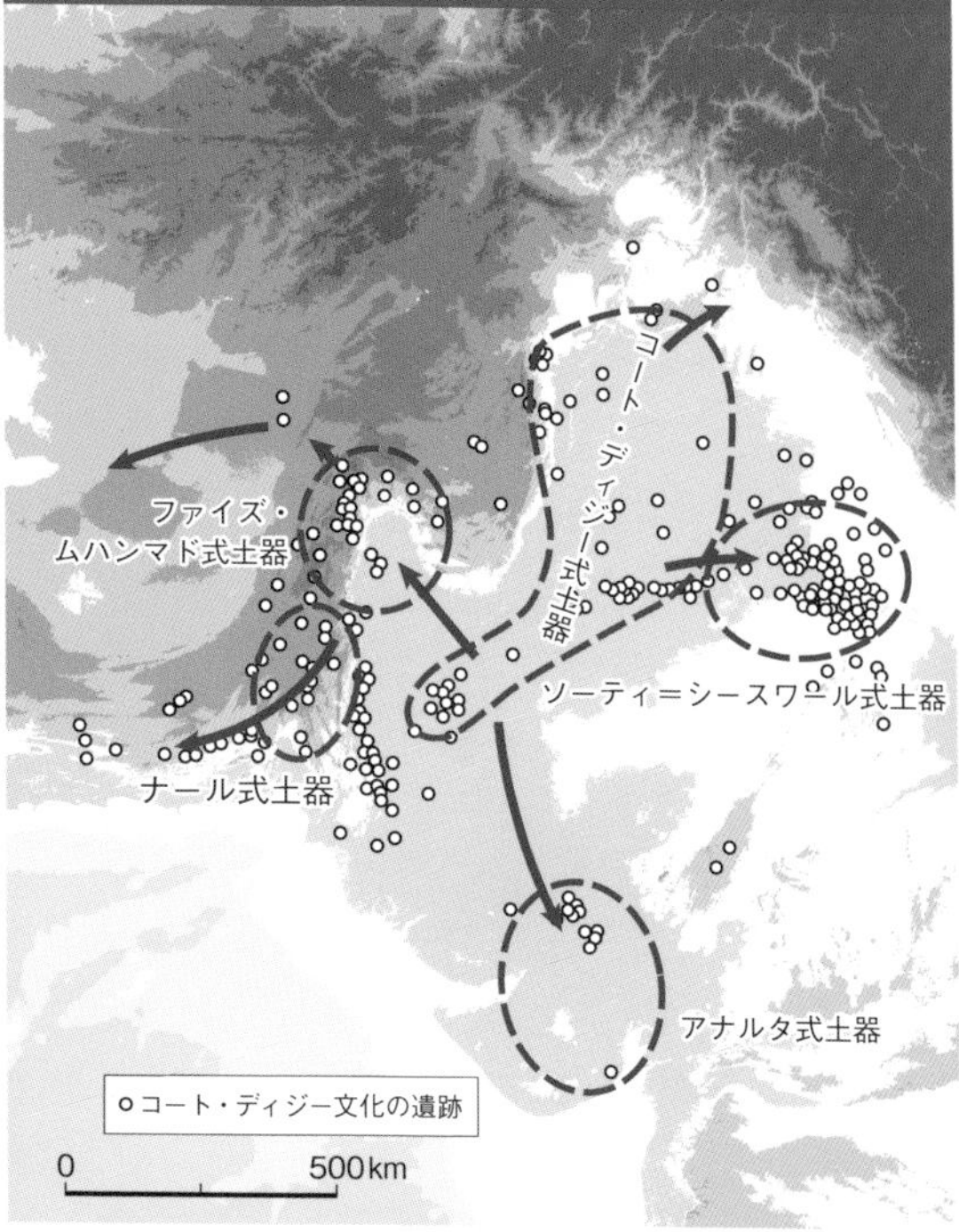

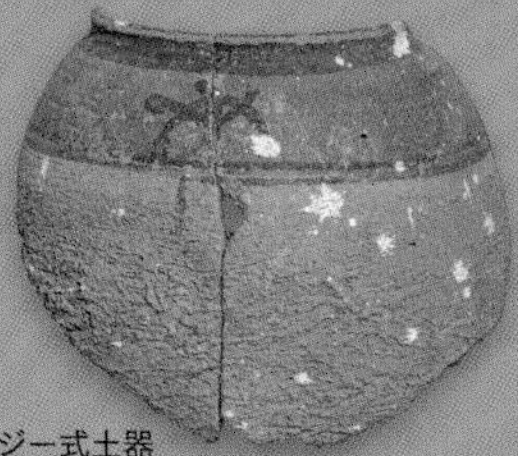

④コート・ディジー式土器

⑤アナルタ式土器

⑥ソーティ＝シースワール式土器

先文明時代に、各地に地域型土器様式群が出現する。注目すべきは、各地の固有の特徴とともに彩文や製作技術に様式間で共通する特徴が認められることで、それらは地域間に交流があったことの証拠である。

06 インダス文明の都市

インダス地域各地には大小さまざまな都市や拠点集落が分布しています。

シンド地方のモヘンジョダロ遺跡、パンジャーブ地方のハラッパー遺跡、ガッガル地方のラーキーガリー遺跡は、１００ヘクタール以上の大都市です。これらの大都市の周辺には20〜50ヘクタールの中型都市があり、さらに5〜20ヘクタールの拠点集落が点在しています。上にあげた大都市のうちどれが最も古いのかわかっていませんが、いずれも紀元前２６００年前後に都市として確立したと考えられます。†

これまでに確認されているインダス文明の遺跡のなかで圧倒的に多いのは、５ヘクタール以下の小規模遺跡です。その大部分は農村の可能性がありますが、小さな遺跡のなかにも堅固な周壁を備えた例もあり、大きさだけで遺跡の性格を断定するのは難しそうです。重要なのは、都市とさまざまな大きさ、性格をもった集落が相互に結びつくことによって、インダス文明社会が成り立っていたということです。都市、拠点集落間をつなぐネットワークがインダス文明社会の基盤であったといえるでしょう。

規模の大小に関係なく、インダスの都市には二つの基本設計があります。一つは「城塞部」と「居住域」を分けて配する分離型、もう一つは「城塞部」と「居住域」を一体的に配置する一体型です。

†インダス文明が成立した前２６００年前後の時期の遺跡の調査例は、ハラッパー遺跡やナウシャロー遺跡などに限られており、最初期の都市の様相は十分にわかっていないのが実情である。

城塞部というと何か物々しい防御施設のように聞こえるかもしれませんが、都市の中枢と言い換えることができます。モヘンジョダロ遺跡では、この城塞部で「大沐浴場」や「僧侶の学院」「列柱式ホール」「穀物倉」と名づけられた建物†が発見されています。これらの遺構の実際の機能は不明ですが、居住域にはない特別な施設とみてよいでしょう。城塞部には、都市を統治する人々が暮らしていた可能性が高いといえます。

　ハラッパー遺跡では、城塞部と居住域がそれぞれ個別に周壁で囲まれていたことがわかっています。モヘンジョダロ遺跡でも、城塞部と居住域がそれぞれ基壇の上に造成されていました。このことから、都市の異なる区画に異なる集団（コミュニティ）が暮らし、集団間の関係のなかで都市が運営されていたという解釈もあります。

　一方、ドーラーヴィーラー遺跡（グジャラート地方）やバナーワリー遺跡（ガッガル地方）などの一体型の都市は、都市全体の範囲が城壁によって囲まれているため、その建設の初期段階で、ある程度町割が一体的に設計されていた可能性が高いと考えられます。そうであれば、都市に暮らす都市民のあり方や関係、運営の仕組みも都市間で異なっていたのでしょう。

　もう一つ都市に関して重要なのは、建築材の違いです。モヘンジョダロ遺跡やハラッパー遺跡など、研究の初期に発掘された遺跡では、焼煉瓦でつくられた建物が広く見つかったことから、インダス文明というと焼煉瓦の街並みを思い浮かべる人が多いかもしれません。平原部の一部の遺跡ではこれは事実なのですが、日干煉瓦で建物をつくる地域や石材を切り出して利用する地域もあり、実のところインダス文明の建築伝統は多様です。このことは、都市に限らず一般の集落も含めて、建築材の準備・調達や建築技術、労働力の動員の仕方も多様であったことを示しています。

†1920～40年代の調査でつけられた名称。インダス文明時代の人々がどのように呼んでいたのか、また実際にどのような用途の建物であったかはわかっていない。

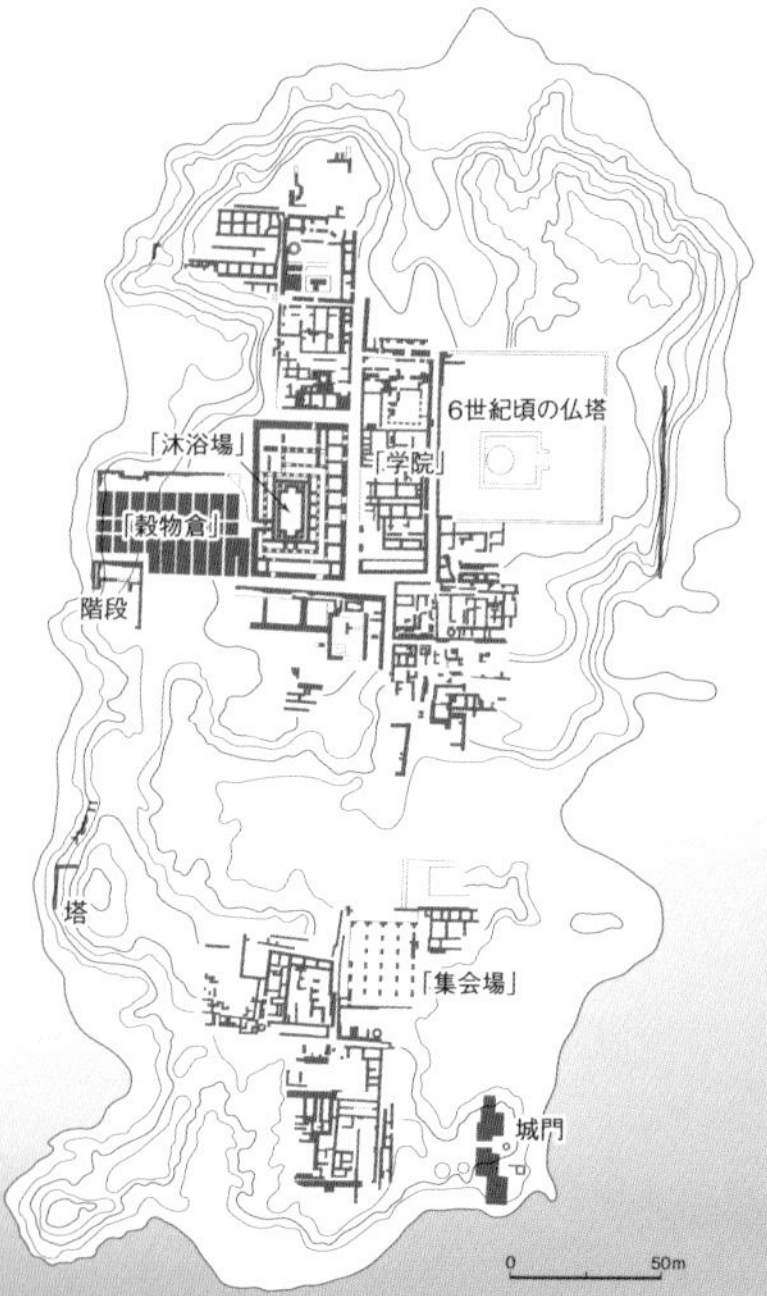

モヘンジョダロの城塞部

モヘンジョダロは、「城塞部」と居住域が分かれた分離型の都市である。城塞部は人工の基壇の上に築かれており、居住域にはないさまざまな施設が設けられている。儀礼の場として用いられたであろう沐浴場や、実際の機能は不明ながらも「穀物倉」「僧侶の学院」「集会場」と呼ばれる施設がある。

インダス文明の都市遺跡

都市は、多大な労働力を投下して築かれた地域社会の拠点である。建築用材は地域によって異なっており、焼レンガだけでなく、日干煉瓦や石材も使用された。おそらくは木材も使われていたであろう。

⑧モヘンジョダロ遺跡
⑨ファルマーナー遺跡
（ガッガル地方）
⑩ドーラーヴィーラー遺跡
⑪カーンメール遺跡
（グジャラート地方）

06 インダス文明の都市

地域社会の人的・物的さまざまな資源を大量投入して築かれたインダス文明の都市は、地域統合の中心であり、シンボルであったということができる。都市には、都市社会を運営・維持するための行政区域（「城塞部」）と都市民の「居住域」が設けられていた。

インダス文明の都市の構造

インダス地域各地の都市には、大きさだけでなく、かたち、構造にも違いがある。そうした違いは、都市を擁する各地の地域社会のあり方や各都市の建設目的・経緯の違いを反映するものであろう。

※城塞部・居住域の範囲は推定

一体型

①ドーラーヴィーラー（グジャラート地方）

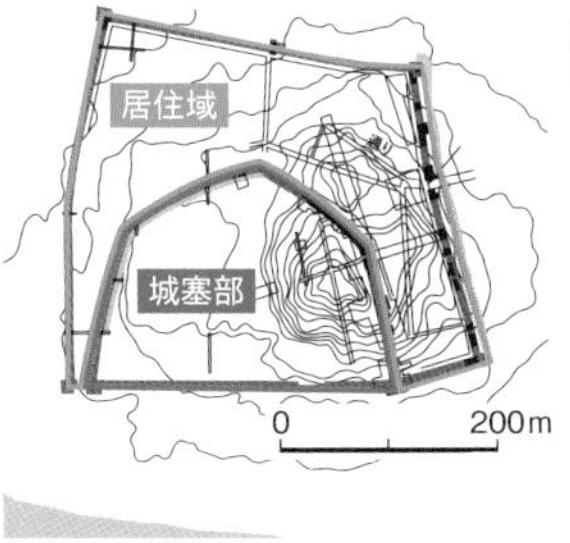

②バナーワリー（ガッガル地方）

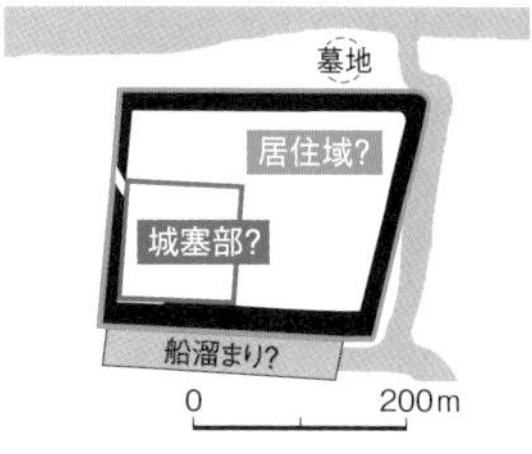

③ロータル（グジャラート地方）

分離型

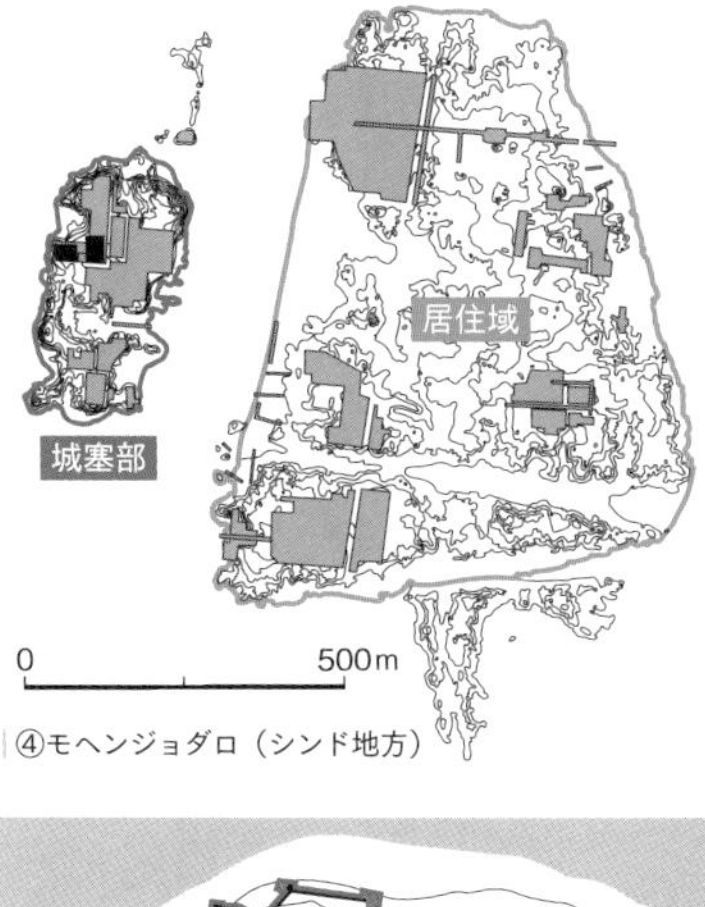

④モヘンジョダロ（シンド地方）

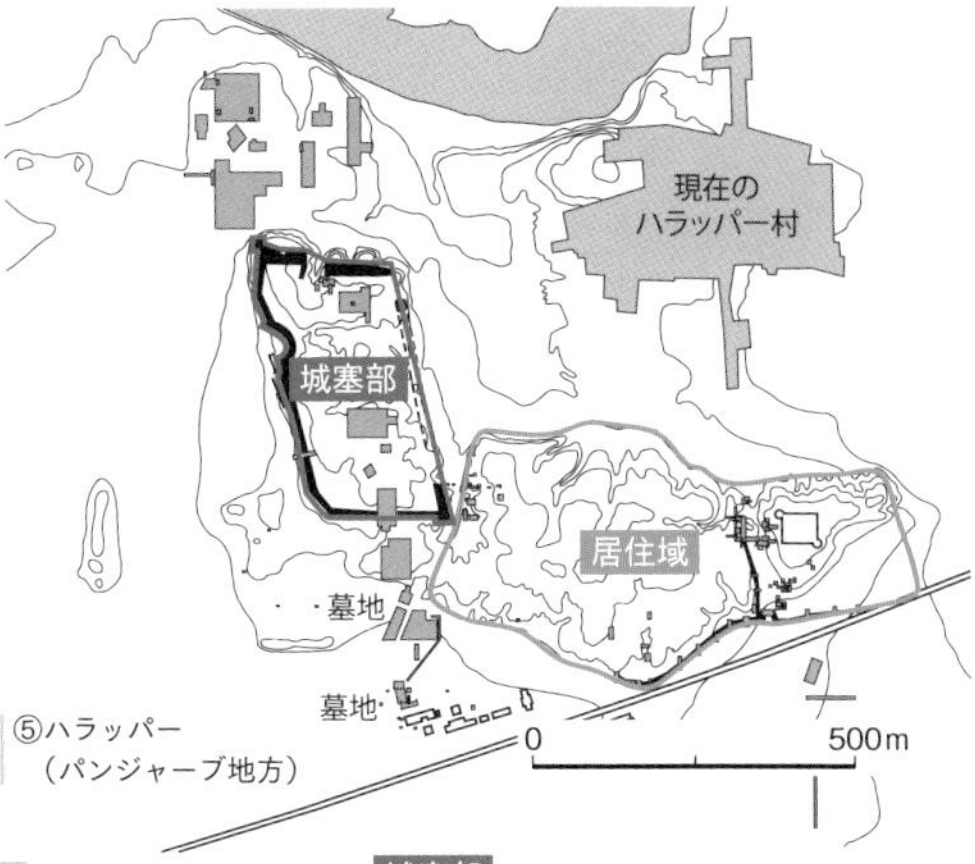

⑤ハラッパー
（パンジャーブ地方）

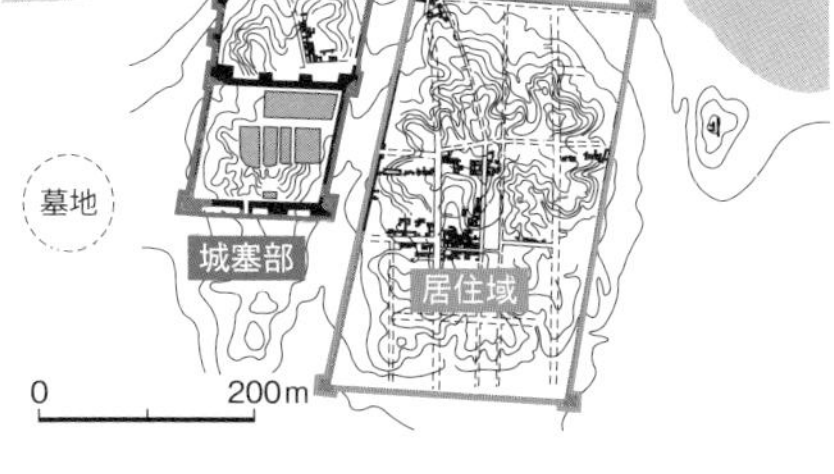

⑥カーリーバンガン（ガッガル地方）

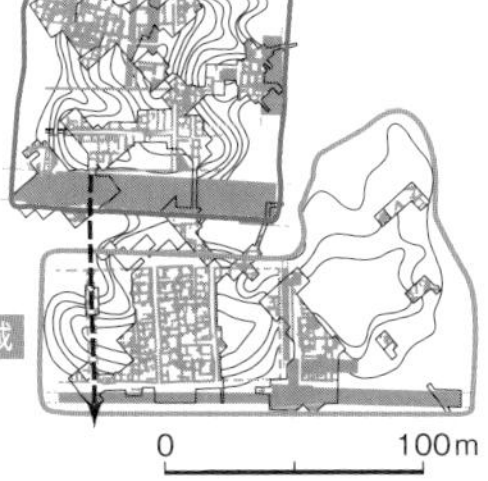

⑦ナウシャロー（バローチスターン地方）

07 都市の生活空間

居住域内部の様子をみてみましょう。居住域は直交する街路によって区画された密集型居住空間を特徴としています。モヘンジョダロ遺跡（シンド地方）やファルマーナー遺跡（ガッガル地方）で発見された居住域はその典型です。幅が広い大通りと幅の狭い路地が組み合わさって町割を区画していますが、必ずしも厳格な格子状をとるわけではなく、町並みが拡大していくなかで、適宜街路を配しながら、新たな区画をつくり、建物を建て増ししていった様子をうかがうことができます。

一方、ナウシャロー遺跡（バローチスターン地方）で発掘された居住域は、より整然としたブロックに区画されています。高い計画性のもとで居住区域が設計され、維持されていたことをうかがわせます。モヘンジョダロ遺跡やファルマーナー遺跡とは町が築かれた経緯、性格、発展の過程に違いがあったことを示しているといえるでしょう。具体的に各都市、集落の性格を特定することは容易ではありませんが、さまざまな性格をもった集落が各地に配され、文明社会としての機能が維持されていたと考えられます。

区画内には、壁を接したり、共有したりしながら建物が築かれています。住居と考えられる建物は、中庭と小さな部屋を複数組み合わせるかたちで構成されています。中庭が共有空間、部屋がプライベートな空間であったとみることができますが、部屋のなかには浴室も含まれています。また、中庭や部屋からは排水溝がのび、建物の外に排出する仕組みとなっています。排水溝は複数の遺跡で発見されており、インダスの都市に共通の施設であったようです。モヘンジョダロ遺跡では、街路に沿って排水溝がのび、大通りや水溜めに排出するというかなり大がかりな排水システムとなっています。

中庭や部屋には調理のためのカマドが設置され、そのそばには水や穀物を蓄えておくための大甕が設置されていました。浴室には焼煉瓦が敷き詰められ、水捌けをよくする工夫がなされています。ファルマーナー遺跡では建物の壁は日干煉瓦で築かれていますが、浴室や排水溝など、水に関わる施設には焼煉瓦が用いられていました。

また、居住域の内部でさまざまな工芸品生産がおこなわれていたこともわかっています。部屋のなかに窯が設置され、土器焼きや、瑪瑙《めのう》・碧玉《へきぎょく》を用いた装身具生産がおこなわれたりしていました。こうした工芸品生産の痕跡は、各地の遺跡で確認されています。工芸品生産の意味については後章で改めて考えてみたいと思いますが、都市を含めた地域の拠点集落が工芸品生産・供給の場となっていたことがわかります。インダス文明の広域性は、工芸品の多元的生産と広域流通によって支えられていたといえるでしょう。

こうした例からみると、人口規模こそ違えども、規模の大小にかかわらず、少なくとも拠点集落以上の遺跡では、中庭と複数の部屋からなる生活空間が築かれ、土器や石器などの日常生活財、装身具などの価値財を用いた生活スタイルが採用されていたようです。密集した居住空間で生活することが、そこに暮らす人々にとって、都市民としての一種のステータスシンボルであったのかもしれません。

インダス文明都市の生活空間

人が密集して暮らすことから、都市には給排水やゴミ処理など、都市ならではのインフラが求められた。

それでもなお人々は、多大な労力を費やして都市を維持・運営した。

③大通りと居住区
南北にのびる大通りの東西に密集型の居住区域が広がる。モヘンジョダロ遺跡

④中庭と部屋群
中庭を取り巻いて複数の部屋が配置されている。モヘンジョダロ遺跡

⑤井戸にみる生活面の上昇
建物の建替えのたびに床面の位置は上昇する。ほかの遺構よりも井戸が高いのは、井戸が新しい時期まで使われていたことを示す。モヘンジョダロ遺跡

⑥通りに沿って設けられた排水溝
通りに沿って設置された基幹排水溝は中庭や部屋からの排水をまとめて居住域外へと流し出していた。ファルマーナー遺跡

⑦カマドと貯蔵用大甕
カマドの横に大型の貯蔵器が設置されている。ファルマーナー遺跡

⑧浴室
住居の一角に焼煉瓦を敷いた浴室が発見されている。ファルマーナー遺跡

現代の北インドの村の風景

インダス文明の都市空間は、現代インドの農村のそれに類似する。大家族が暮らす家屋は、インダス文明時代の住居と同様に、共有空間の中庭と諸々の機能をもつ小部屋からなっている。小規模ながらも信仰のための施設もある。家畜が生活空間に密接しているのも、現代の村の特徴である。こうした現代の村から学ぶことは多い。

⑨家屋の前に設けられた中庭
⑩中庭を囲む部屋
⑪中庭に集う人々
⑫村の通り
⑬村の祠
⑭村内で飼われるウシ

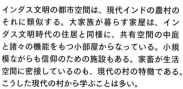

07 インダス文明都市の居住域

多くの人口が一定の限られた空間のなかに暮らそうとすると、建物が密集した居住空間をとる場合が多い。インダス文明の都市の居住域も同様であり、それゆえに都市民の生活や行動にはルールが課せられたと考えられる。

モヘンジョダロ遺跡とファルマーナー遺跡の居住域

直交する街路（薄茶色）によって区画された密集型居住空間が発見されている。規模こそ違うが、遠く離れた二つの遺跡での居住空間のあり方は、インダス文明時代の社会における都市の特徴、都市民の生活パターン、さらには都市とは何かを示唆している。

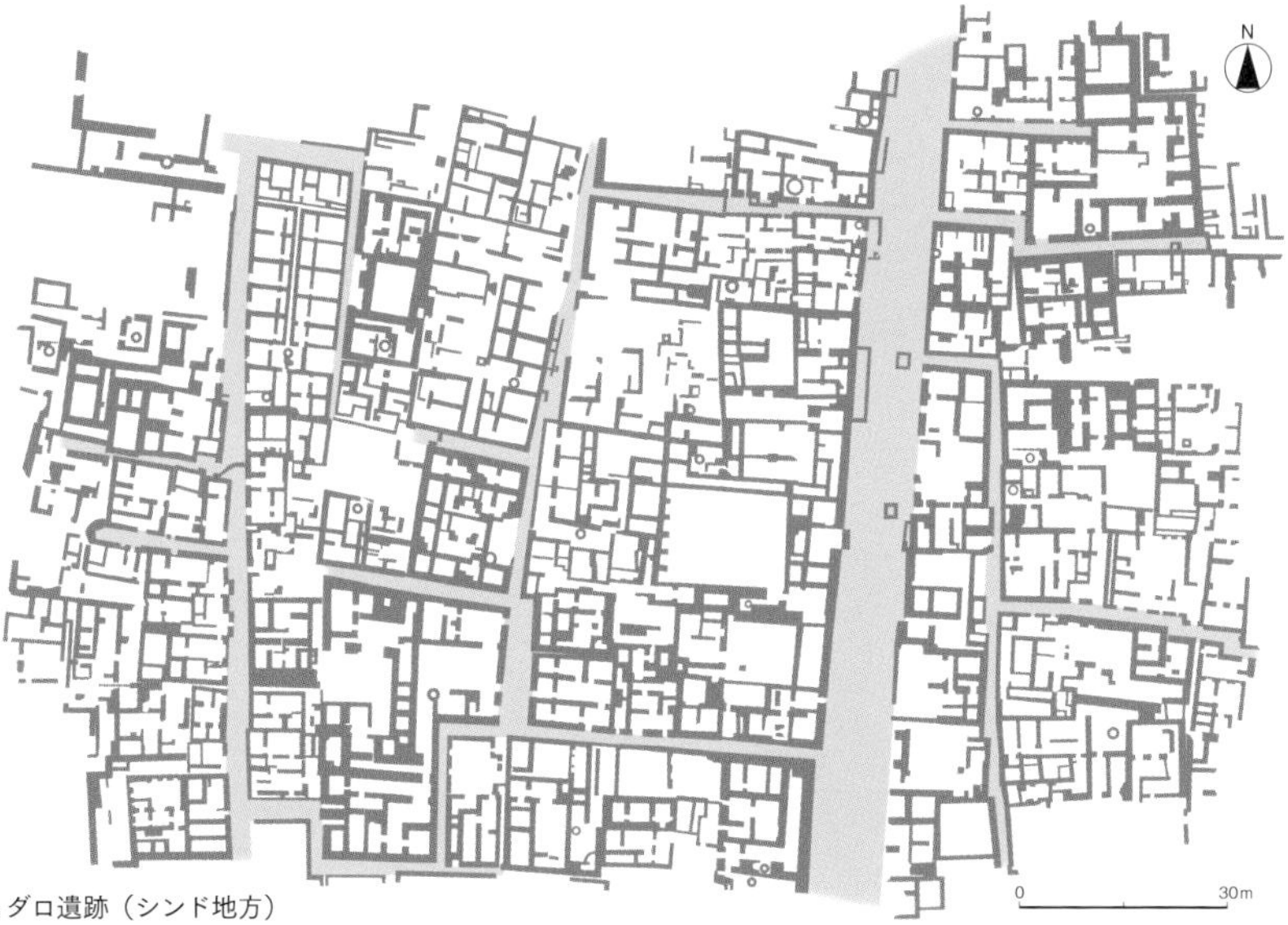

①モヘンジョダロ遺跡（シンド地方）

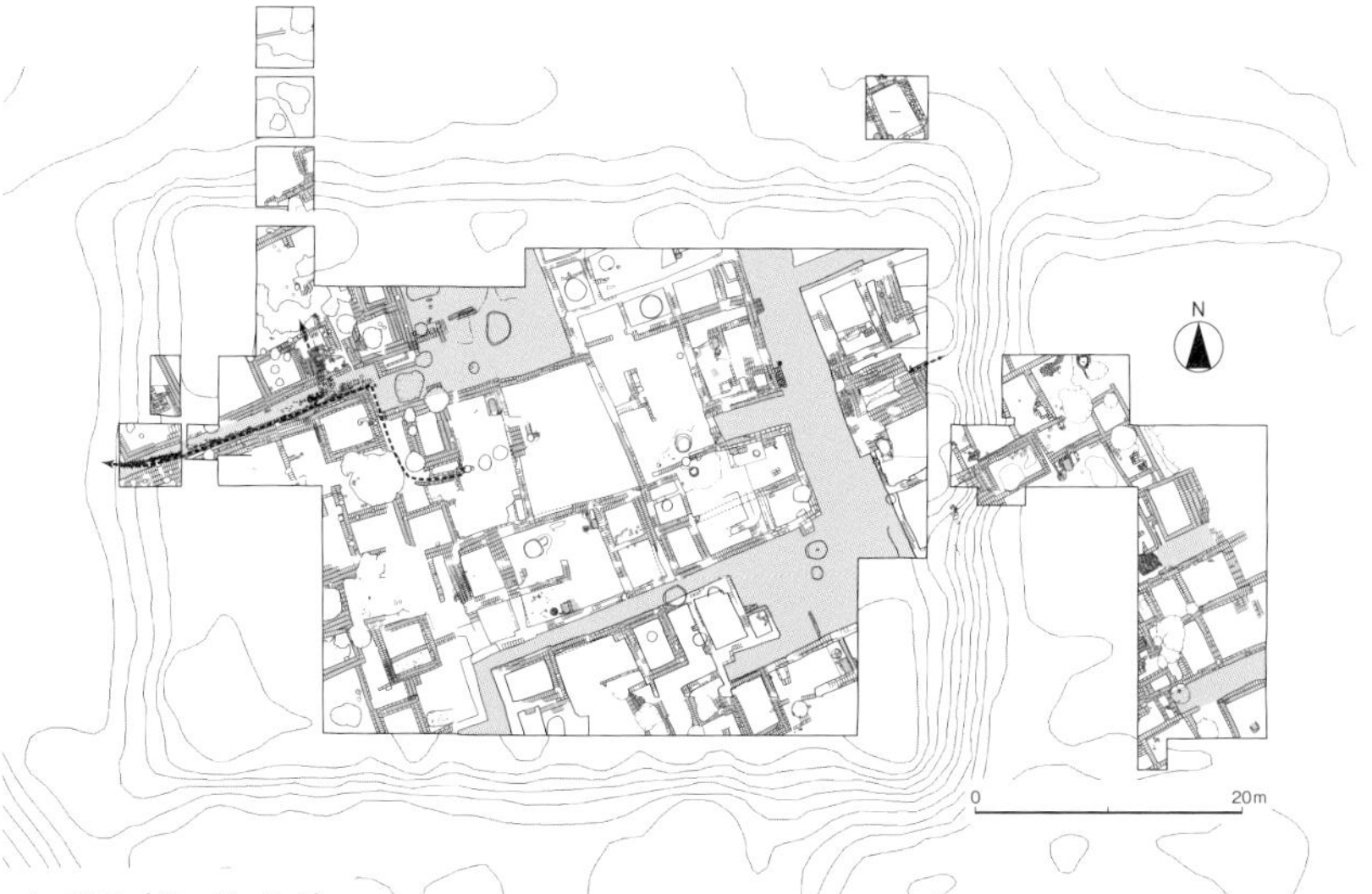

②ファルマーナー遺跡（ガッガル地方）

08 インダス文明の食料生産

インダス文明の時代には、植物栽培と家畜動物の飼育が主たる食料生産活動でした。先にも少しふれたように、地域によって利用可能な水資源が異なっているため、栽培される植物も多様であったようです。

パンジャーブ地方では冬季の降水が比較的多いため、コムギ、オオムギ、マメ類などの冬作物の栽培が卓越していましたが、シンド地方では年間を通じて降水量は限られており、インダス川が運んでくるヒマラヤ山脈の雪解け水が農業生産に用いられていました。このシンド地方ではムギ類が主流であったと考えられています。ガッガル地方を流れる河川の流水量は、インダス川のそれに比べると限られていますが、この地域は夏季、冬季ともに降水量が比較的多く、イネ、雑穀からなる夏作物とコムギ、オオムギを代表とする冬作物の双方が栽培されていたようです。南西部のグジャラート地方では、夏季にしか降水がないため、雑穀栽培が中心であったと考えられています。

一方、動物ではウシ、ヒツジ、ヤギ、スイギュウなどの家畜動物に加えて、さまざまな野生動物の骨が遺跡から出土しています。ゾウ、シカ、レイヨウ、ガゼル、イノシシなどが代表的な野生動物としてあげられますが、これらは狩りによって食料として利用されていたのでしょう。ゾウは食用にされたかどうかわかりませんが、象牙は工芸品の素材として利用されていました。

家畜動物のうち、ヒツジは西アジアからもたらされたものですが、ウシ、ヤギ、スイギュウは南アジアで家畜化された動物と考えられています。特に背中にコブをもったウシ（コブウシ）は、インダスの人々にとって、食料としてだけでなく、一種の信仰の対象ともなっていたことが、彩文土器の図柄や土偶の表現例にみてとることができます。

また、遺跡から出土する家畜動物の年齢の分析によると、ウシやスイギュウは成獣になるまで飼育されていたのに対し、ヒツジやヤギは若い年齢で解体されていることが指摘されています。このことは、ウシやスイギュウが食用としてではなく、乳利用や使役に用いられていたのに対し、ヒツジやヤギは食用を目的としたものであったことを示しています。また、淡水魚や海水魚の骨が出土している遺跡もあり、多様な食料資源の利用をうかがうことができます。

こうした食料資源の利用のあり方が、地域によって異なっていることも重要です。農業生産が卓越する地域（シンド、パンジャーブ、ガッガル）もあれば、牧畜が大きな割合を占める地域（バローチスターン、グジャラート）もあったでしょう。実態はまだよくわかっていませんが、沿岸部では漁撈民も存在したと考えられます。一つの地域内に異なる生業基盤をもつ集団が存在し、それぞれが相互に協力することで、多様な食料供給が確保されていたのでしょう。また食料生産のあり方に応じて、集団の編成や年間を通した労働のあり方も異なっていたと考えられます。

このように、食料生産一つをとっても、インダス文明社会の多様性をみてとることができます。その一方で、特定の地域に固有であった家畜動物、栽培植物が、文明社会のなかで人とともに移動し、各地で共通する食料資源として利用されていたこともわかっています。文明社会の交流ネットワークは各地に暮らす人々の生活にもさまざまな影響を及ぼしていたのです。

土器に残る穀物圧痕

発掘調査で出土する大型種子だけでなく、土器の圧痕からも当時利用されていた植物がわかる。

南アジアは西アジアや東南アジアとは異なる独自の植物利用の歴史をもつこと、また栽培植物を明らかにすることが古環境研究において重要な役割をなすことにより、近年のインダス文明研究では植物の研究が活発におこなわれている。

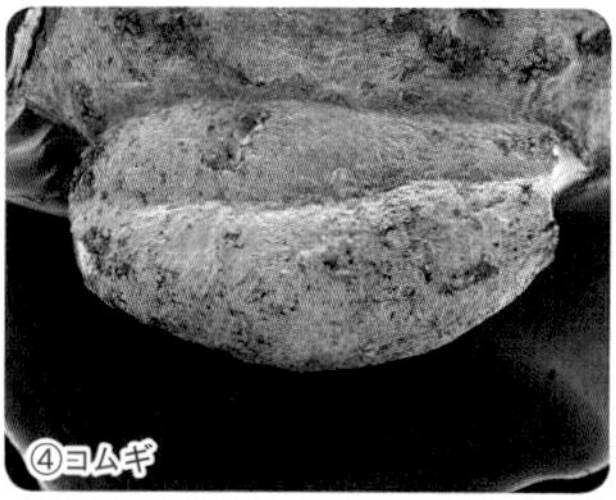
④コムギ

⑤オオムギ

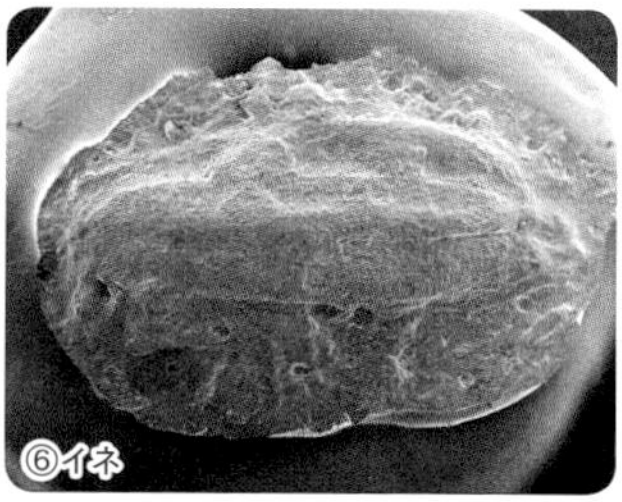
⑥イネ

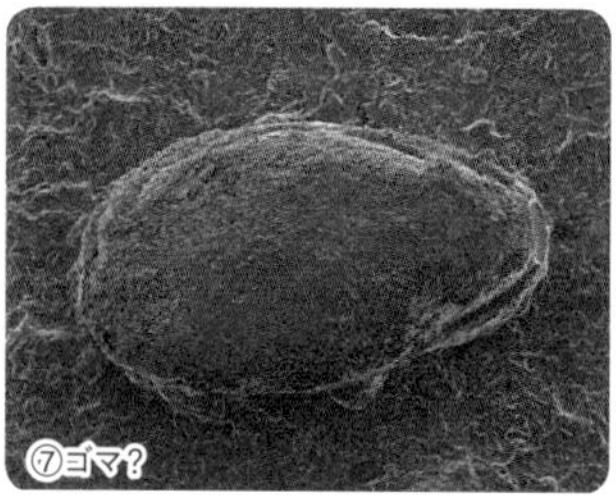
⑦ゴマ？

⑧マメ科？

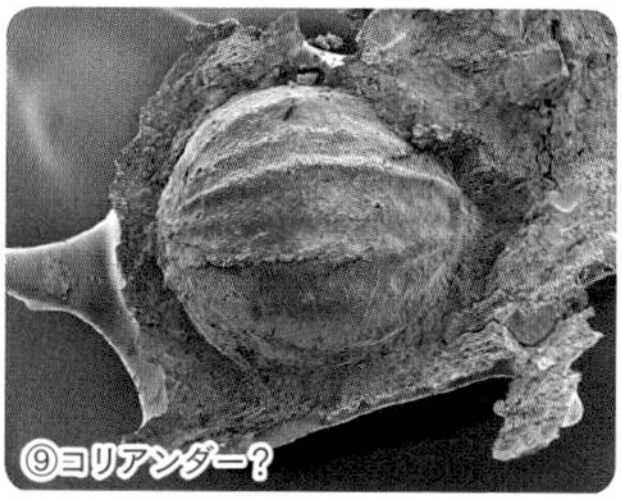
⑨コリアンダー？

彩文土器に描かれた動物

先文明時代からインダス文明時代の土器には、さまざまな動物が描かれている。とりわけ、バローチスターン地方の高原地帯の土器には、コブウシ、ヤギ、ヒョウ、魚などの動物が主要なモチーフとして描かれる。

モチーフとなった動物は、日常的に接するというだけではなく、人々の観念世界に深く関わっていたと考えられる。

a：コブウシ

b：魚

c：魚

d：ヤギ

⑩バローチスターン地方の彩文土器

南アジアの家畜動物

南アジアを代表する家畜としてはコブウシが有名であるが、スイギュウやヤギ、ヒツジも広く飼育されている。家畜もまた地域によって多様に変化しながら、人々の生活に深く関わってきた。

⑪コブウシ

⑫スイギュウ

⑬ヤギ

08 インダス文明社会の食料事情

インダス文明の都市社会を支えたのは、都市の周辺に広がる農村地帯であった。ムギ類、イネ、雑穀など、各地の気候に適した多様な穀物が栽培され、家畜動物とともに人々を支える基盤となっていた。

インダス地域の気候と植物栽培

インダス地域は、夏季の季節風と冬季の偏西風が交錯する地域である。これらの季節風がもたらす降雨と北の山間部からの雪解け水が地形条件と合わさって、この地域の植物栽培に大きな影響を及ぼしている。

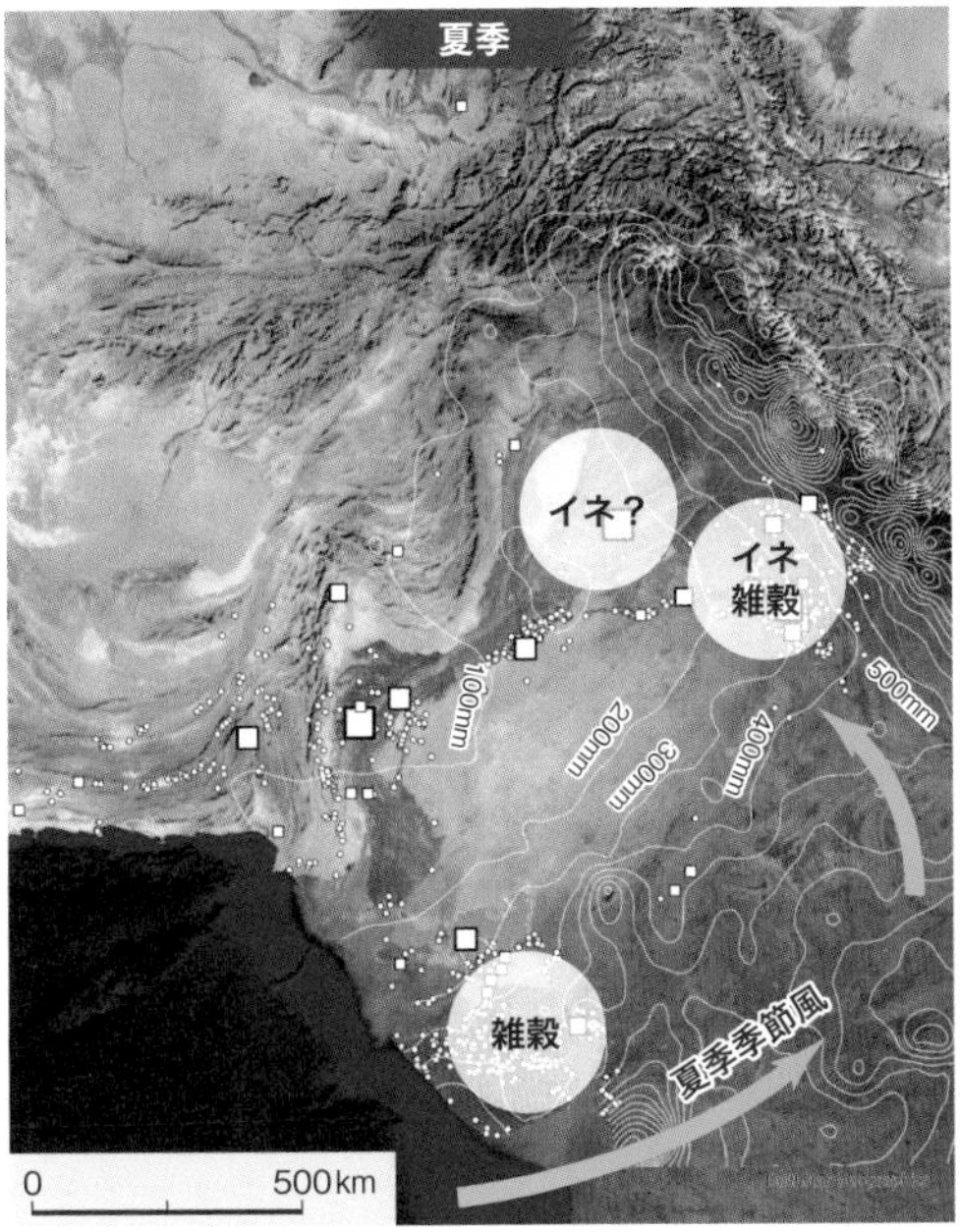

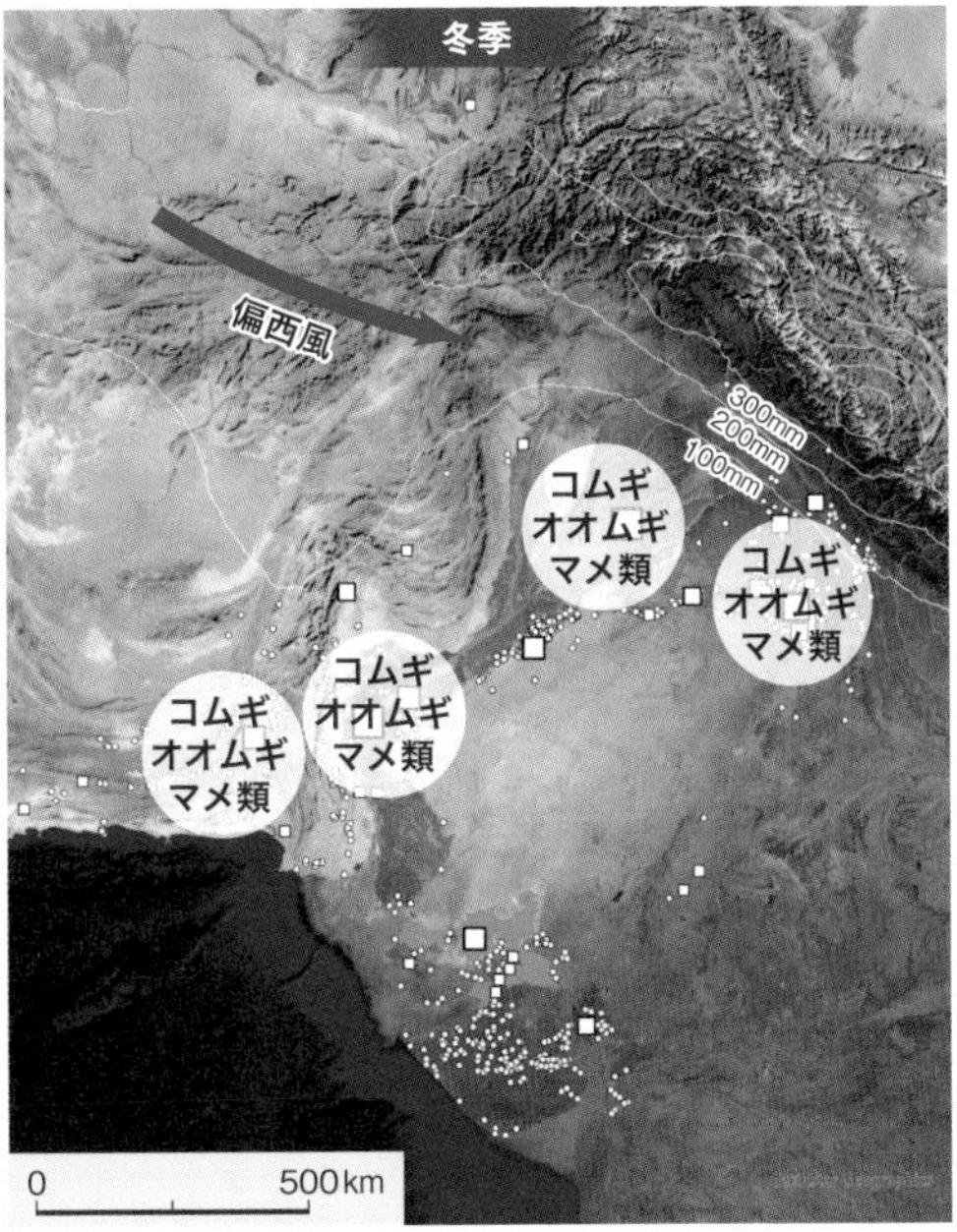

インダス文明の栽培植物

代表的な栽培植物には、夏作物であるイネと雑穀、冬作物であるムギとマメ類がある。

西アジアからもたらされたムギやマメ類、南アジア起源であるイネと種々の雑穀が、人の移動と文化・技術の変遷のなかで人々の生活を支えてきた。インダス文明時代には、モロコシのように東アフリカ起源の雑穀も伝えられたことが知られている。

①コムギ

②オオムギ

③モロコシ

09 インダス文明の食文化

前章でみたような多様な食材をインダスの人々はどのように調理していたのでしょうか。考古資料だけでは、具体的な調理方法まではなかなかわからないのですが、断片的な資料と現代の南アジアの調理方法から、インダス文明の食文化について考えてみましょう。

ムギ、雑穀類は粉にして水を加えて練って焼き上げるという方法が一般的であったと考えられます。インダス文明の遺跡で出土する石皿と磨石は穀物種子を粉にするための道具であったと考えられます。現在の南アジアでもムギ、雑穀類の粉食は一般的です。コムギを練って薄くしたものを焼いたチャパティーが有名ですが、農村部に行くと雑穀のチャパティーが食されています。コムギのものに比べてやや硬いのですが、一日畑仕事に出る農家の人にとっては腹もちがよいといいます。

コメはどのようにして食していたのかわかりませんが、イネの生産が卓越する地域はインダス地域にはないので†、他の穀物と同じように粉食にしていた可能性があります。現在の南アジア北半部では粒食が一般的ですが、南インドでは粉にしたものを練って蒸したり焼いたりしたものがよく食されています。イドリー、ドーサといった米粉でつくった料理は南インド起源ですが、南アジアで広く人気があります。また、南アジアでは現在でもコメは結婚などの儀礼において重要な意味をもっています。インダス文明が栄えた南アジア北西部では、ごく近年になってコメ食の比率が増大

†南アジアにおけるイネの利用は、ガンガー平原において紀元前８０００年頃まで遡る可能性が指摘されているが、前３０００年頃までは野生種のイネが食用に利用されていたと考えられている。それ以降は栽培されていたことも考えられているが、栽培化のプロセスはよくわかっていない。インダス文明時代には、ガッガル平原でイネが食用にされていたことがわかっているが、インダスの他の地域でイネが確認されるようになるのは、前２０００年以降のことである。ちなみに前１０００年以降には南アジア全域に栽培イネが拡散する。

していますが、本来は日常食というよりもハレの日の食材であったようです。コメの食べ方にも歴史性があることは確かですが、インダス文明の人々はどのようにして食べていたのでしょうか。ちなみにイネの栽培が南アジア各地に広がるようになるのは、ポスト文明時代以降のことです。

肉や魚の調理方法はどのようなものだったのでしょうか。最近、土器の内面に付着、浸透した脂質を分析することで、土器に入れられていた食物を特定するという研究が盛んになってきています。インダス文明時代の土器でも分析がはじめられていますが、それによれば肉を煮込む料理がおこなわれていたことがわかってきています。まだ分析例は限られていますが、乳製品をつくるのに利用されていた事例も確認されています。残念ながら、どのような野菜が食されていたのか、なかなか手がかりが得られていません。

最後に土器の用途から、インダス文明の食文化についてみてみましょう。インダス文明の時代の土器は、前後の時代に比べてかたちと種類が多様です。かたちから推測される用途を大別すると、食器（皿・鉢・高杯）、飲器（コップ）、調理器（煮炊用堝《なべ》）、貯蔵器（壺・甕）があります。なかでも液体を飲むのに特化した飲器はインダス文明時代ではハラッパー式土器に特有の器種†で、水以外の特別な飲物がつくられていた可能性もあります。また、煮炊用堝では、外面に火にかけた痕跡はありますが、内面にコゲが付着する例はほとんどなく、十分な水分を含んだ煮物がつくられていたと考えられます。

鉄器時代になると、土器の器種組成は大きく変化します。インダス文明時代のそれに比較すると著しく単純化しており、インダス文明時代に発達した調理・食膳様式は失われてしまったことがわかります。

†飲器は先文明時代後期に属するコート・ディジー文化期の段階でシンド地方を中心に用いられるようになるが、インダス地域全域に広がるのは、インダス文明時代になってからのことである。

現代の南アジアの食文化

南アジアというとカレーであるが、一口にカレーといっても用いる食材と香辛料によってさまざまであり、ナーンやチャパティー、コメなどの主食や、好む味つけも地域によって異なる。現代とインダス文明の時代の食文化の間にはかなりの違いがあるだろうが、インダス文明以降の歴史のなかで特色ある食文化が形成されてきたことは確かである。

①香辛料などをすり潰すための石臼、②燃料となる牛糞、③伝統的なカマド、④小麦粉でつくったチャパティー、⑤ナーン、⑥雑穀のチャパティー、⑦北インドの典型的な弁当、⑧北インドのターリー、⑨香辛料、⑩南インドのイドリー（米粉の蒸しパン）、⑪南インドに伝統的な食膳

09 インダス文明の食文化

インダス文明の人々が、栽培植物と家畜動物だけでなく、さまざまな野生の動植物も利用していたことが明らかになっている。実際にそれらの食材がどのように調理されていたかは、よくわかっていないが、ここでは食文化を反映する道具である土器と、現代の食文化から、インダス文明の食文化について推察してみたい。

インダス文明時代から北インド鉄器時代の土器の器種組成

インダス文明時代には、食器、飲器、貯蔵器、調理器がつくられた。各器種のなかでさらにかたちが分かれており、それぞれ固有の機能に特化した器が用いられていたようだ。ポスト文明時代はインダス文明時代の器種とかたちを継承しているものの、種類は大きく減少する。鉄器時代になると、北インドではインダス文明時代の土器伝統は姿を消す。

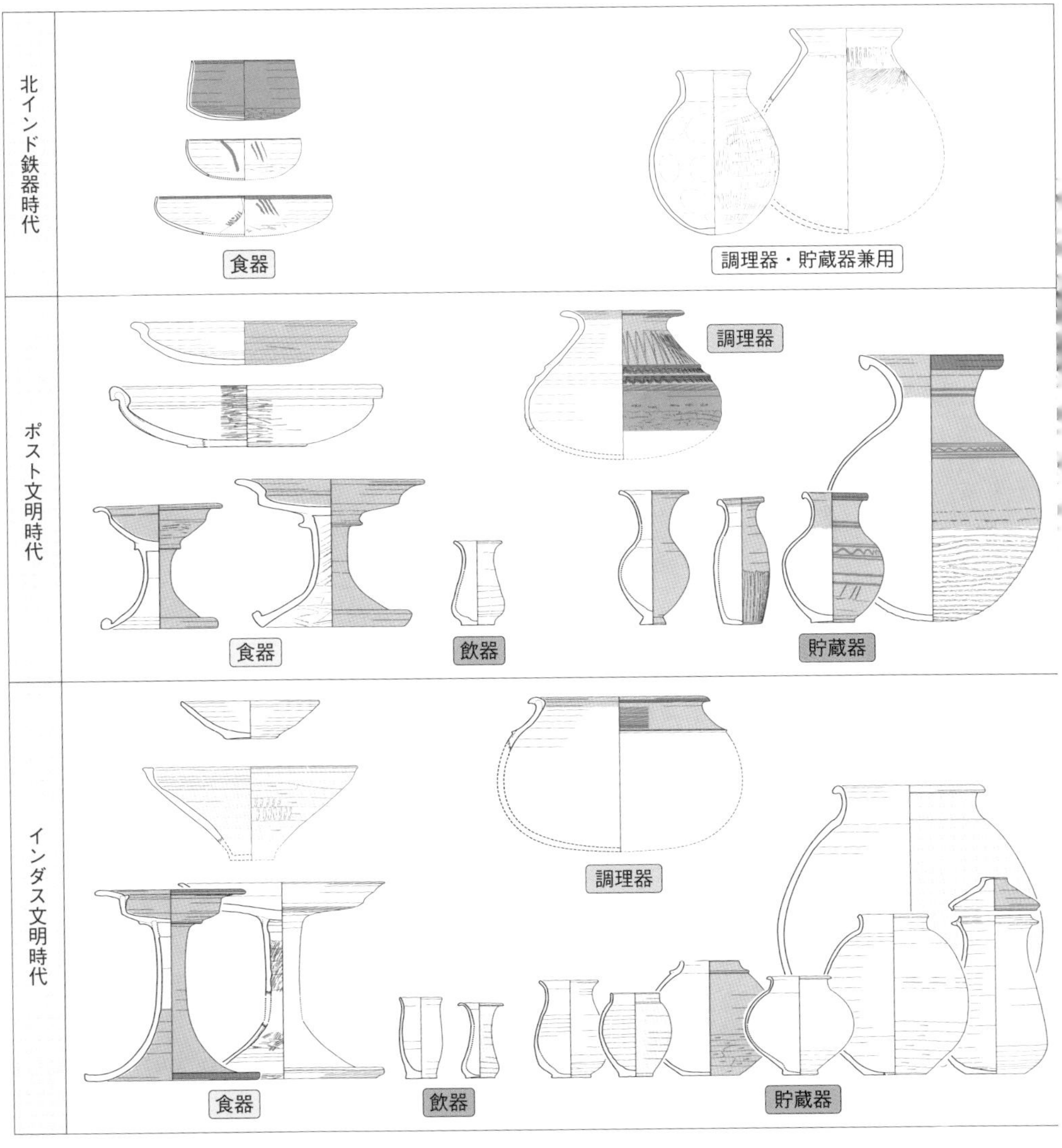

10 インダス文明のアイデンティティ──印章(1)

以下、三つの章では、インダス文明社会の統一性と多様性を物語るアイデンティティについて考えてみましょう。

ここでいう「インダス文明社会のアイデンティティ」とは、インダス文明社会を率いた人々（権力者や宗教的権威、都市民など）が認識していたであろうインダス文明の独自性を意味しています。先に述べたように、インダス文明社会が多層的な交流関係によってかたちづくられていたとすれば、さまざまなレベルでの社会統合に関わるアイデンティティが存在したはずです。それがどのようなものであったのか具体的にみてみましょう。

インダス文明を代表する遺物の一つに印章があります。多くは凍石《とうせき》という軟質の石材を素材とし、一辺3センチほどの平面四角の印面に動物を横から見た姿で彫刻しています。さまざまな動物が表されていますが、全体の7割程度を占めるのが一角獣です。この想像上の動物がインダス文明社会において重要な意味をもっていたことがわかります。ほかにはバイソン、コブウシ、ゾウ、サイ、バッファロー、トラなどの動物が刻まれていますが、いずれも角や牙をもつという共通点があります。一角獣も含めて角や牙が重要な要素だったのでしょう。

注目されるのは、一角獣のほかにも、半人半獣、人面獣、多頭獣など、想像上の動物が存在することです。インダスの人々は単に身の回りにいる動物を無作為に刻んだのではなく、上に述べた角や牙をもった動物とともに、きわめて意図的に図柄を選択し、彼らの観念世界を印章に表現していたということになります。

こうした印章がインダス地域全体に広がっているということは、印章に表された動物に与えられた観念的意味が、広く共有されていたということを示しています。印章は、行政あるいは経済活動のなかで重要な役割を果たしたと考えられます。文字が解読されていない[†]なかで、それぞれの図柄の具体的な意味を明らかにすることは容易ではありませんが、特定の観念的かつ社会的な意味が与えられ、その所有者たちの帰属や社会関係を表現していた可能性があります。

紀元前3千年紀末に西のペルシア湾岸地域に広がった湾岸印章のなかには、インダス文明の印章の影響を強く受けたものが含まれていますが、そこに表現されている動物はバイソンだけです。湾岸地域で活動したインダス系集団はバイソンを自分たちのシンボルにしていたようです。このことから、インダス地域で出土する印章に刻まれた図柄も、さまざまな社会集団の存在を示している可能性が高いといえます。

インダス地域における共通の様式をもつ印章の広域分布は、インダス文明社会全体の統合性あるいはアイデンティティを表現していますが、その一方で多様性が認められることは、インダス文明社会のなかに多層的な集団関係が存在していたことを示しています。地域社会、インダス文明全体、さらには西方との関係などさまざまな空間スケールのなかで、多様な人間・集団の関係が張りめぐらされ、それぞれのアイデンティティが形成されていたということができるでしょう。その実態はまだよくわかっていませんが、多様な集団の存在と複雑な関係を念頭に置いた研究が不可欠です。

†11章参照。

印章スタイルの変化

近年の研究で、刻まれた動物の向き、動物の細部の表現、動物に伴って表現される器物の組み合わせに違いがあり、それが時間的な変化を示している可能性が高いことが明らかになりつつある。

古段階
（前2600 ～前2400年頃）
動物を右向きに表現する。胴部は角ばった断面形に彫られている。

中段階
（前2400 ～前2200年頃）
動物は左を向くようになり、より写実的な表現となる。

新段階
（前2200 ～前1900年頃）
動物の彫刻部分は丸みを帯びた仕上げとなっており、より写実性を増す。

印章の彫刻技術

インダス文明の印章は複数種類の彫刻刀を用いて図柄を刻んでいる。古段階の印章は、彫刻技術が稚拙で彫刻面の断面が角ばっているが、次第に彫刻面が丸みをもつようになり、写実性が高くなる。丸みをもたせるために、細かな作業を繰り返しおこなっている様子をみてとることができ、印章製作にあたった職人たちの技術に大幅な向上があったことがわかる。

写真は走査型電子顕微鏡画像

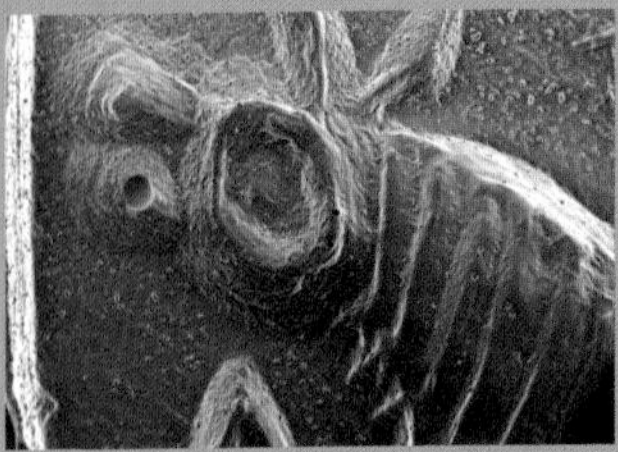

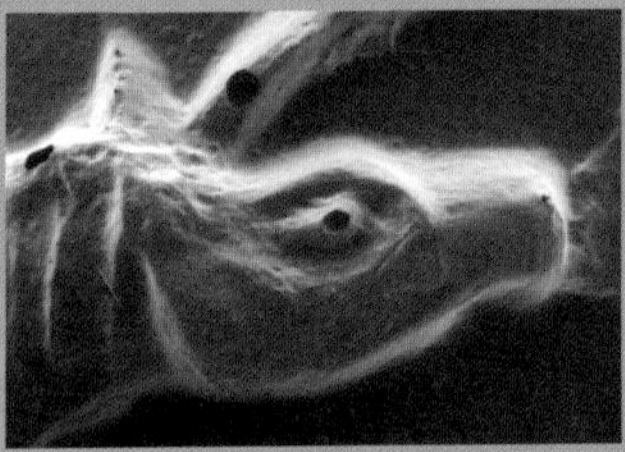

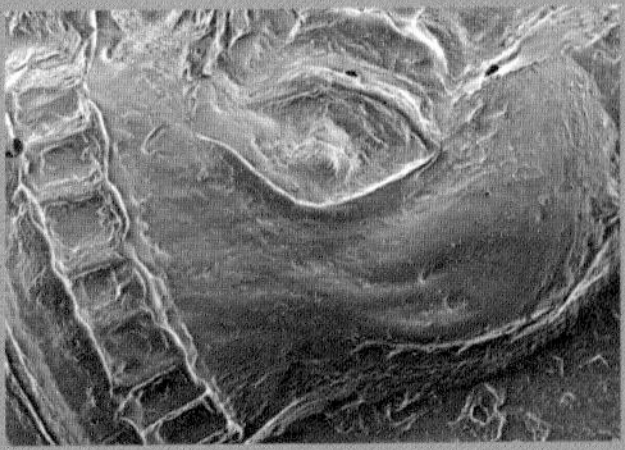

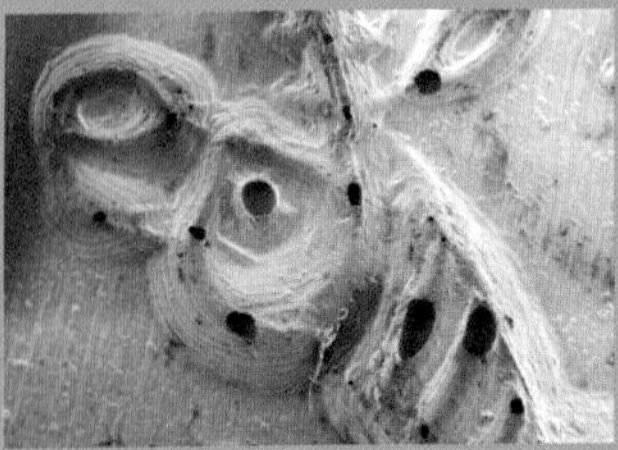

古段階

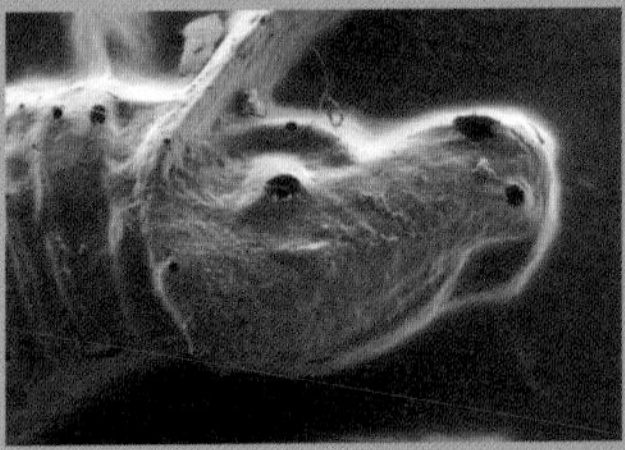

中段階

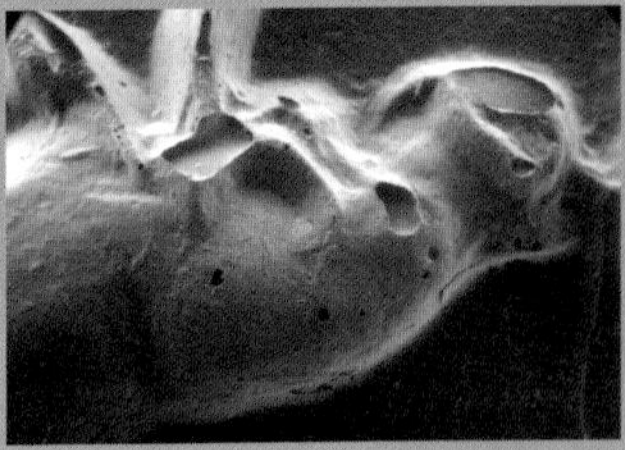

新段階

10 インダス文明社会と印章

広域に展開したインダス文明社会には、さまざまなレベルで社会的紐帯が築かれ、人々の生活や社会活動を支えていた。そのなかで、広域レベルでの社会関係のアイデンティティとして機能したのが印章である。

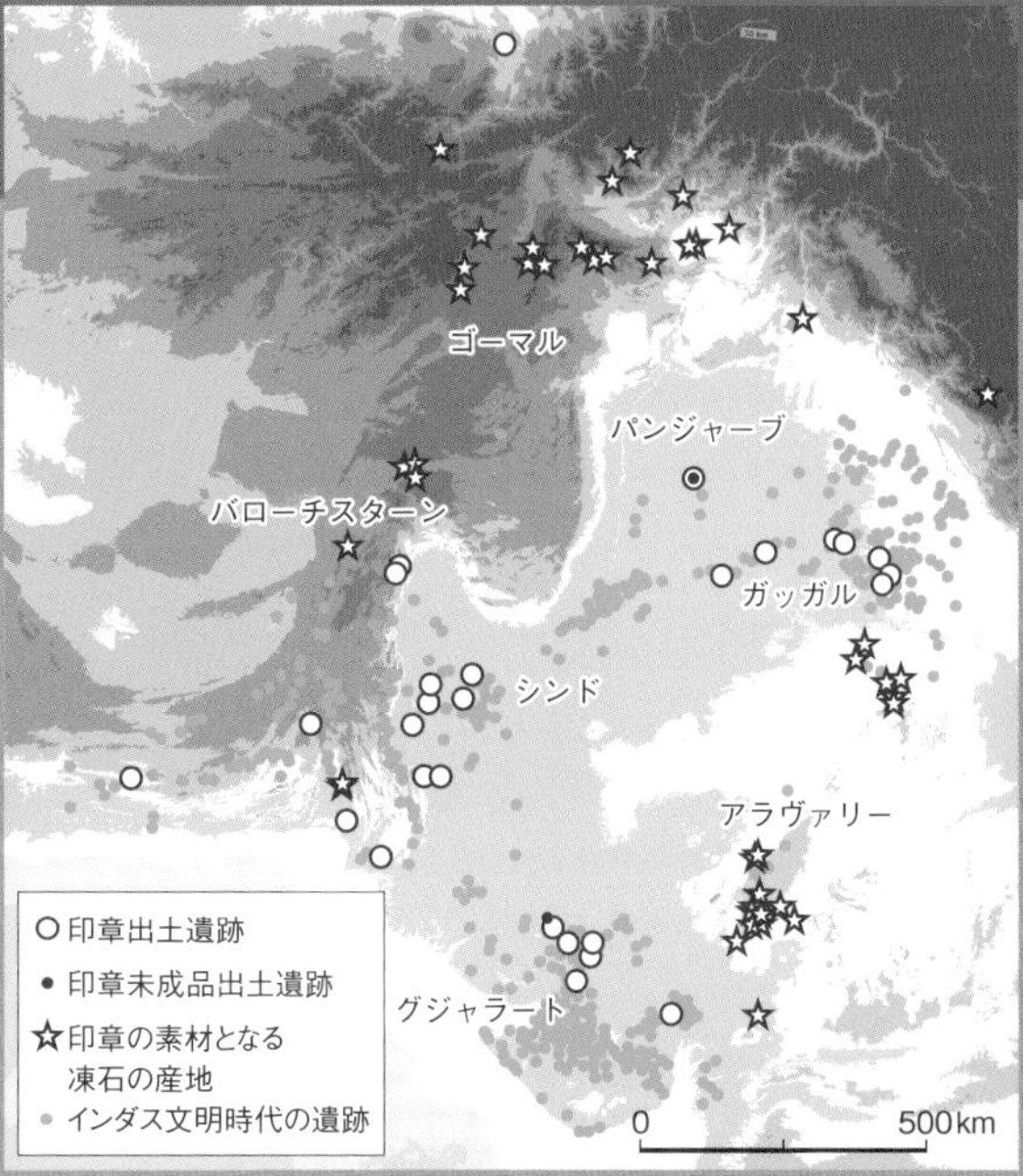

インダス文明時代の印章の分布

動物などが刻まれた凍石製の印章は、北はアフガニスタン北部、南はグジャラート地方、東はガッガル地方、西はバローチスターン地方南部にまで分布する。これはすなわちインダス文明社会の広がりを示している。素材の凍石は平原部周辺の高原地帯に産出する。一方、印章の製作は平原部の複数の都市遺跡でおこなわれており、そこから周辺地域へと流通していたことがわかる。また、デザインに一貫性が認められることから、各地の工房間でデザインに関する取り決めがなされていたのであろう。

印章に刻まれた図柄

日常的に実在した身近な動物だけでなく、想像上の動物も表されている。また、わずかながら人物を刻んだ例もあり、神か王の姿を表したものと考えられる。

a　一角獣

b　バイソン

c　コブウシ

d　スイギュウ

e　ゾウ

f　サイ

g　トラ

h　ヤギ

i　人面獣

j　三頭獣

k　半人半獣

l　人物

11 インダス文明のアイデンティティ(2) ——文字

印章には文字も刻まれています。これもまた、インダス文明社会のアイデンティティ、社会的統合を示す証拠としてみることができます。残念ながらいまだに解読されていないので、どのような内容が記されているのか、わかりません。一つの印章に刻まれた文字の数は平均5文字と限られていること（すなわち、文書資料がない）、別の言語と併記された資料が存在していないことなどが解読の大きな障害となっています。これまでの研究でインダス文字によって記された言語がドラヴィダ系（現在はおもに南インドで話されている言語）である可能性が高いと考えられています。

ここでは少し別の視点から、文字がもつ社会的意味について考えてみましょう。

文字が刻まれた印章には、動物の種類だけでなく、動物の向き、彫刻様式、彫刻技術、動物に付随する図像要素において多様な要素が含まれています。これらの要素の組み合わせを分析すると、いくつかのグループに分けることができ、それらが時間的な変化を示している可能性が高いと考えられます。

この変化を軸に文字をみていくと、初期（古段階）の段階では文字は1～2文字と非常に少なく、文字の大きさにもばらつきがあります。これが中段階になると、文字の数が増加し、なかには2行にわたって文字を刻む例も出てくるのですが、依然として文字の大きさにはばらつきがあり、文字のかたちもあまり整っていません。これが新段階になると、文字の大きさとかたちは整うようになります。古段階がインダス文明前期、中段階が中期、新段階が後期におおむね相当しています。ここからみると、文字は段階的に整備され、少なくとも印章への刻出は後期の段階になって確立したということができるでしょう。

このことと関係する現象として、後期における文字だけを刻んだ印章の増加をあげることができます。動物と文字を刻んだ方形印章とは異なり、横長の細長いかたちをしており、印面には文字だけを刻んでいます。文字を刻むためだけに生み出された印章形式ということができるでしょう。文字が確立した段階で、文字だけを刻む印章が出現することは、文字に対する需要あるいは文字がもつ重要性が増大したことを示していると考えることができます。

記される内容に時間的な変化があったのかどうかわかりませんが、文字がもつ意味は時間とともに変化している可能性が高いと考えられます。文字は特定の意味と音を記号化したものであり、その普及には図像よりも複雑な情報の共有を必要としています。

インダス文明社会に生きた人々がどのような目的で文字を生み出したのか明らかではありませんが、広大な地域に広がった都市社会のなかで、広範な情報の共有が不可欠であったと考えられます。印章に刻まれた限られた数の文字では、複雑な情報を共有することはできなかったでしょうし、また即時的な情報の共有を目的としたものではなかったでしょう。

文書資料が存在しないなかでインダス文字は不明なことだらけですが、後期の段階に文字の重要性が高まっていた可能性は、文字と社会の関係を考えるうえで一つの手がかりとなりそうです。インダス文字の時間的変化の解明がこれからの文字研究における一つの方向性となるでしょう。

この土器は、かたちと出土層位などからインダス文明終末期の紀元前2000年頃に位置づけられる。都市遺跡の一つであるミタータル遺跡では、都市的な密集型居住空間が前2000年頃に廃絶され、人々の生活空間とスタイルは大きく変化した。この土器は密集型居住空間廃絶の直前の時期のものである。
これら二つの文字は土器を焼く前に刻まれたものであるが、所有者を刻んだものであろうか。

④ミタータル遺跡（ガッガル地方）出土の土器

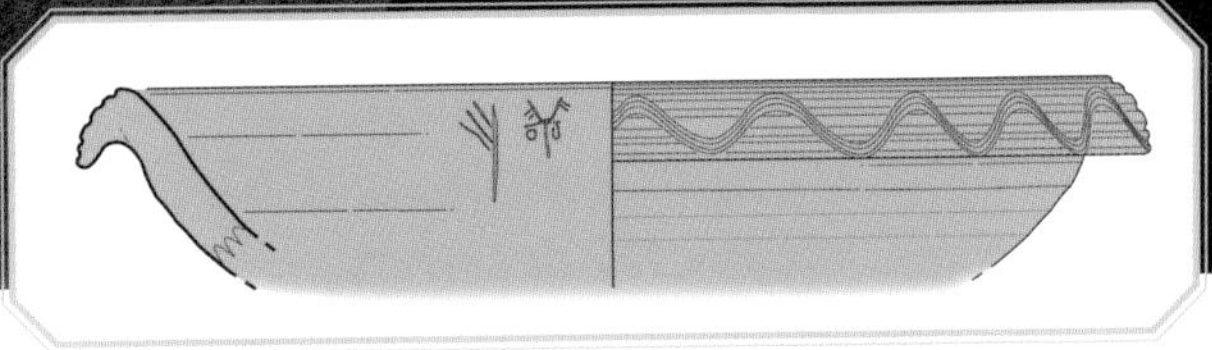

ドーラーヴィーラー遺跡の看板

グジャラート地方最大の都市遺跡であるドーラーヴィーラー遺跡では、城門付近からインダス文字を記した看板の跡が発見された。本来は木製の板に文字を刻み、そこに石膏を流し込んでいたと考えられる。

TOPIC インドの古代文字

インダス文字はインダス文明の衰退とともに姿を消す。再び南アジアに文字が出現するのは前５世紀頃のことである。ブラーフミー文字やカローシュティー文字と呼ばれるのがそれで、前３世紀のアショーカ王碑文には長文資料が残されている。

⑤アショーカ王碑文、いずれも砂岩製
a：ブラフマギリ遺跡（インド）
b：ルンビニー遺跡（ネパール）
c：シャーバーズ・ガリー遺跡（パキスタン）

a

b

c

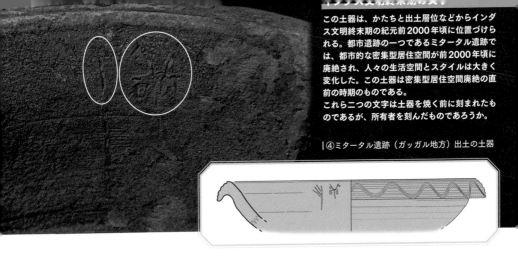

11 インダス文明の文字

インダス文明が「文明」と呼ばれる理由の一つは文字をもつことである。インダス文字は表語音節文字と考えられており、インダス文明時代初期に出現する。
インダス地域で出土する多くの印章に文字が刻まれているが、長文の資料がないことなどから、多くの研究者の努力にもかかわらず、インダス文字は依然として未解読である。ドラヴィダ系の言語と推定されているが、何が記されているのかわからない。

土器に記された記号

先文明時代の土器には、土器を焼いた後に記号を刻んだ例が含まれ、これが後に文字へと発展していったと考えられる。インダス文明時代の土器にも記号や文字が刻まれたもの、あるいは墨書されたものがある。

先文明時代の例

①ギラーワル遺跡出土（ガッガル地方）

インダス文明時代の例

②カーンメール遺跡出土（グジャラート地方）

③ファルマーナー遺跡出土（ガッガル地方）

印章に刻まれたインダス文字の変化

古段階の印章は、文字の数は少なく、文字の大きさもまちまちである。中段階には、文字数は増えるものの、文字の大きさはいまだ整っていない。それが新段階には、文字の大きさが整い、整然とした配列になる。こうした変化は文字の使用頻度あるいは普及度に関わっている可能性があり、インダス文明社会のなかでの文字の機能や意味にも関連しているかもしれない。

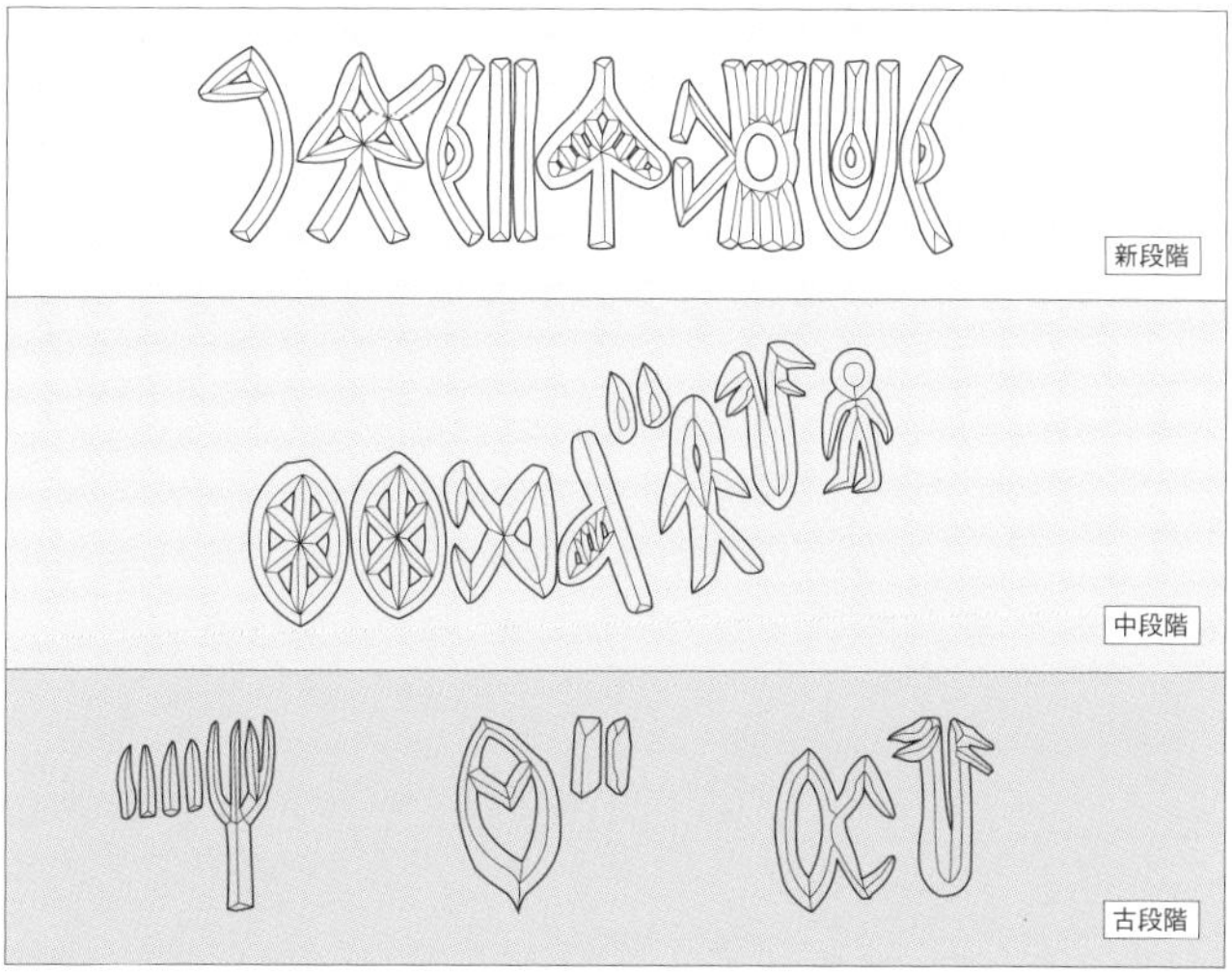

12 インダス文明のアイデンティティ(3)——土偶

インダス文明社会のなかで広く共有されたシンボルとして、ここまで印章と文字を取りあげてきましたが、最後に各地の地域社会のアイデンティティを示すと考えられる土偶について取りあげてみましょう。

土偶は紀元前３５００年頃から、バローチスターン地方の中央部と北東部で発達します。それ以前にも何らかの動物をかたどったと考えられる土偶はありましたが、この頃になって一定のスタイルをもった土偶が地域的な広がりをもってつくられるようになります。特定のスタイルの共有による地域社会のシンボルとしての土偶の出現です。

前３０００年頃になると、パンジャーブ地方のハラッパー遺跡でも人や動物をかたどった土偶が多く出土するようになります。バローチスターン地方北東部からパンジャーブ地方の土偶は単純な造形を特徴としていますが、バローチスターン地方中央部では、精巧なつくりの女性像が多数つくられるようになり、インダス文明誕生直前期まで、男性像の出現も含めて著しい発達を遂げていきます。

インダス文明時代になると、それまでとは異なった特徴をもつ人と動物の土偶がシンド地方やパンジャーブ地方に出現します。インダス文明時代後期にはグジャラート地方でも同じスタイルをもった土偶がみられるようになります。ところが、北東部のガッガル地方ではインダス文明時代になっても、簡素なつくりを特徴とするコブウシ土偶しかつくられません。また、バローチスターン地方南部では、インダス文明時代後期になってインダス平原部とは異なるスタイル（クッリ式土偶）をもった人物土偶とコブウシ土偶が多くつくられるようになります。

こうした地域ごとの違いは、各地の信仰のあり方、すなわち地域社会をまとめるアイデンティティの違いを示唆していると考えられます。同様の地域的多様性は土器にもみてとることができますが、先文明時代から続く各地の社会と文化は、インダス文明時代に都市社会のなかに取り込まれながらも、独自の地域伝統を保持していたのでしょう。インダス文明時代になって広域的に共通する要素（ハラッパー文化）が広がる一方で、地域固有の社会の枠組みと文化伝統が維持されていたのです。

また、土偶には時間的変化もみてとれます。先文明時代には、バローチスターン地方で女性を表現した土偶が発達し、地域社会のシンボルとして機能しました。その基底にあるのは、地母神のような自然に対する信仰であったと考えられますが、インダス文明時代直前には神官のような姿をした男性像も出現します。インダス文明社会が出現する直前に、地域社会を取り巻く状況が大きく変化し、男性の重要性が増大したことを示しているのでしょう。

インダス文明時代になると、インダス平原部で土偶がつくられるようになりますが、そこに表されたのは女性像でした。本格的な都市社会の誕生によって、再び土偶がもつ役割や意味が変化したのでしょう。ポスト文明時代になると、土偶はほとんどつくられなくなります。インダス文明の衰退によって、人々の信仰の世界、土偶がもつ意味が変化したのでしょうか。

バローチスターン地方における先文明時代の土偶

①②はバローチスターン地方北東部、③④は同地方中央部の例である。前者に比して後者はより細部の表現にこだわった造形となっている。黒や黄色の彩色が施されていた。

①高さ8.1cm　②高さ8.0cm　③高さ11.25cm　④高さ12.4cm

動物土偶の変遷（先文明時代～インダス文明時代）

動物もまた粘土を用いた造形の対象であった。先文明時代後期にはコブウシやヒツジの土偶が出現し、インダス文明時代には、印章と同様、より多様な動物が表現されるようになる。ただし、素朴なコブウシ土偶しかつくられない地域もあり、地域によって動物に対するまなざしは異なっていたようである。

⑤インダス文明時代後期のバローチスターン地方南部の動物土偶の例

12 インダス文明の土偶のスタイルと変遷

各地で固有のスタイルをもつ土偶は、地域社会のなかで共有される観念世界を表現したものと考えられる。宗教儀礼や日々の信仰のなかで用いられた可能性が高い。印章と文字を「広域型都市社会全体で共有されるアイデンティティ」とするならば、土偶はインダス文明社会に内包される「地域社会のアイデンティティ」ということができる。

土偶の変遷（先文明時代〜インダス文明時代）

土偶というと素朴なイメージが強いが、先文明時代からインダス文明時代にかけてつくられた土偶は、洗練された特徴をもっている。それは誰でもつくれるものではなく、職人が一定のスタイルにしたがってつくったものであることを示す。

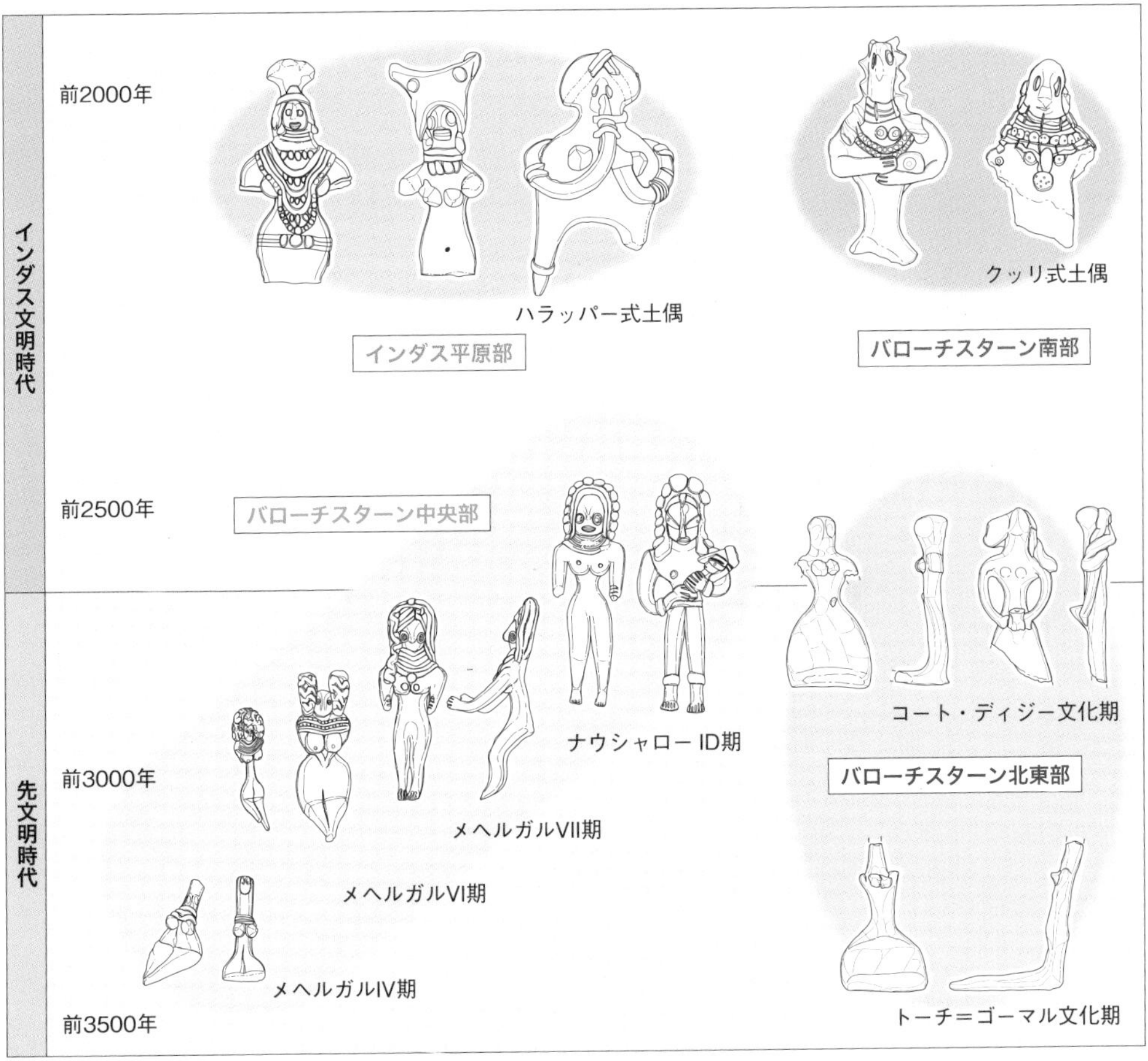

13 インダス文明の工芸品

インダス文明は高度な技術を駆使した工芸品生産を特徴としていますが、さまざまな石材を用いた装身具はその代表です。インダス地域でつくられた石製ビーズがメソポタミア、アラビア半島、中央アジア南部に広く分布することは、インダス産の石製ビーズあるいは装身具が広く西南アジア文明世界のなかで珍重されていたことを雄弁に物語っています。

インダス地域では先文明時代以来、石製装身具の生産が発達してきましたが、とりわけインダス文明時代になって、直径5ミリ前後、長さ5〜10センチに及ぶ細長いビーズがつくられるようになりました。また素材となる石の多くは非常に硬いもので、その加工、特に紐を通すための孔をあける技術に秀でたものがありました。

硬い石でつくられた長いビーズにまっすぐに孔を開けるのは、誰にでもできるわけではなく、適切な工具を用いた熟練の技が求められます。そこで、インダスのビーズ職人が生み出したのは、アーネスタイト†と呼ばれている同じく硬い石材でつくった棒状ドリルです。これを弓錐や舞錐によって高速回転させながら、孔をあけていくのです。長いビーズには径の異なる複数のドリルを併用して孔があけられており、当時の職人たちが苦心してつくっていたことがわかります。ほかの地域では長いビーズをつくる技術をもたなかったようで、高度な技術によりつくられたインダス産の細長い

†アーネスタイトとは、グジャラート地方に産出する変成岩の一種である。岩石学的な名称はつけられていないことから、インダス考古学では

ビーズは、西南アジア各地で珍重されていたと考えられます。

また、インダス地域だけでなく、広く西南アジア文明世界のなかで価値をもったのは赤みの強い紅玉髄を素材としたビーズでした。紅玉髄は瑪瑙《めのう》の一種で、加熱すると赤みを増すという特性があります。今でも南アジアの一部に残る伝統的技術を用いたビーズ生産に従事する職人たちは、人為的に紅玉髄の原石を加熱して、赤みを増す作業†をおこなっています。

また、海産性の巻貝や金、銀、銅、ファイアンス（石英と青銅サビを混ぜ込んだペーストを成形して焼いたもの）を素材とした装身具もつくられていました。それぞれの生産にはそれに特化した技術が不可欠であり、インダスの職人たちがさまざまな技術を生み出し、インダス文明社会を支える役割を果たしていたと考えられます。

また、高い技術は、先にふれた印章の生産にもみてとることができます。ビーズと打ってかわって、印章は凍石《とうせき》という軟らかい石材を用いてつくられています。もともと凍石は灰色から黒みがかった色をしていますが、これを９４０度前後で加熱すると、化学変化が起こり、白色に変化します。先の紅玉髄と同じように、インダスの職人は加熱という技術を駆使して、より高い価値をもつ工芸品をつくっていたのです。海産性巻貝を素材とした腕輪や、銅製の武器、工具、装身具なども職人の高い技術を前提としています。

インダス文明ではエジプトやメソポタミアのような大型の工芸品がつくられることはありませんでしたが、高い技術を駆使した職人技でもって、インダス地域内にとどまらず西南アジア文明世界のなかでも珍重される工芸品を生み出したのです。工芸品の生産と流通、消費の実態を明らかにしていくことにより、インダス文明社会を支えた仕組みを明らかにすることができるでしょう。

インダス文明の石製ビーズ研究に先鞭をつけた「アーネスト・マッケイ」という研究者にちなんで「アーネスタイト」と呼ばれている。

†強い日光のもとでも赤みを増すことが知られている。現代のビーズ職人たちはどこで赤みの強い紅玉髄の原石が得られるか熟知している。インダスのビーズ職人たちも美しいビーズをつくるためにさまざまな技術を駆使するとともに素材の産地を熟知していたことであろう。

石製ドリルの利用

⑦はビーズ製作に用いられたドリルで、アーネスタイトと呼ばれる変成岩でつくられている。先端側の直径が大きく、中程が細くなるという形は、瑪瑙などの硬い石にまっすぐな孔をあけるための工夫で、より長いビーズをつくることを可能にした。⑧はビーズの孔の表面を転写したシリコン型を顕微鏡で観察したもの。a・bはアーネスタイト製ドリル、c・dはインダス文明時代後期の銅製ドリルで穿孔している。

⑦石製ドリル

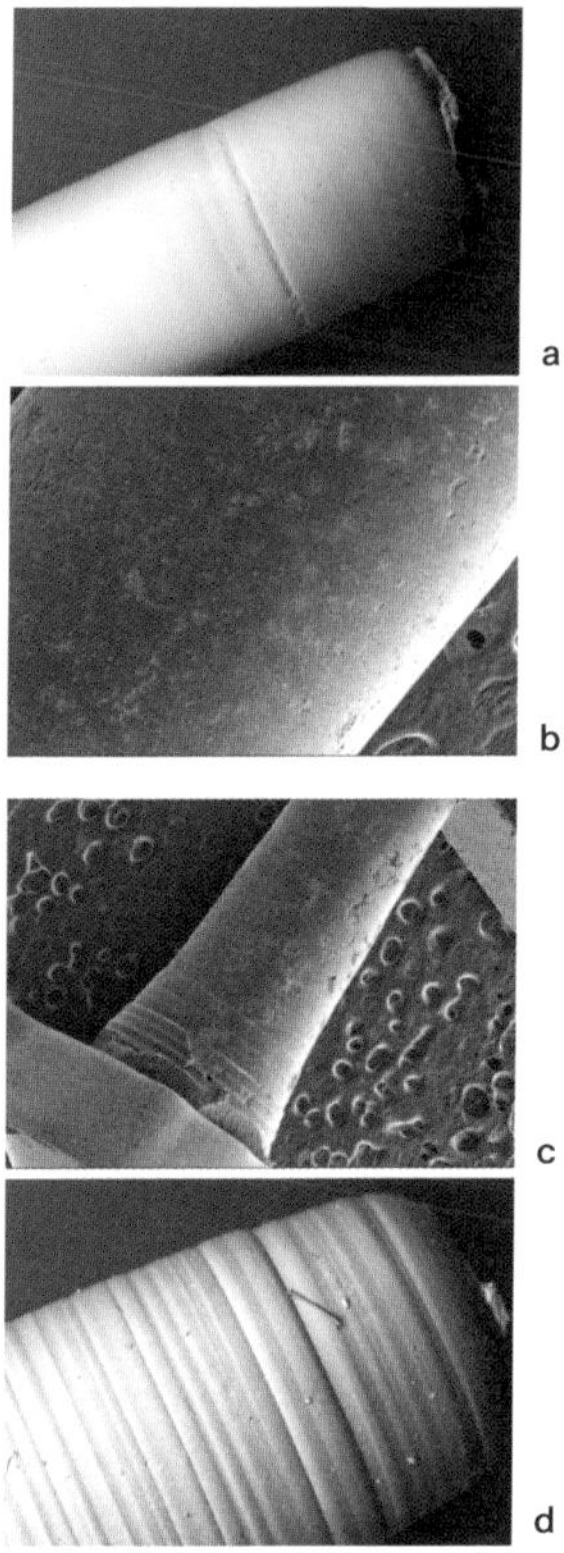

⑧ドリルであけられた孔の表面
（走査型電子顕微鏡画像）

現代に生きる工芸品生産

南アジアでは、近代化の波のなかで伝統工芸品は姿を消しつつあるが、人々の日常づかいの土器や、装身具がつくられている。製作技術もまた歴史のなかで変化を繰り返してきたが、インダス文明の時代から続く要素が存在することも確かである。こうした伝統技術の研究によって、先史時代から現代にいたる長い歴史のなかでの工芸品生産の移り変わりを、明らかにすることが可能になる。

⑨上段：現代のビーズづくりの様子（インド、カーンバート）
⑩下段：現代の土器づくりの様子（左・右はインド、シュラーヴァスティー、中央はパキスタン、ハラッパー）

13 インダス文明の工芸品

インダス文明の時代には、石材、金属、貝、粘土、ファイアンスなどさまざまな素材を用いた工芸品が盛んにつくられた。素材の多くは地域的に偏在するものであることから、工芸品の生産にあたっては、素材の調達から加工、消費にいたるまで、都市を拠点とした広域流通を基盤としていたのであろう。また、インダス地域で生産された工芸品の一部は、貴重品としてメソポタミア、アラビア半島、中央アジア南部といった西南アジア文明世界の各地にも流通した。

インダス文明の代表的な工芸品

インダス文明には、ほかの古代文明のような華麗・壮大な美術的工芸品は発達しなかった。その一方で、個々の工芸品の製作には高度な技術が用いられており、職人たちの巧みな技をみてとることができる。

①印章（左４点）と封泥（右２点）

②ファイアンス製装身具

③紅玉髄製ビーズ

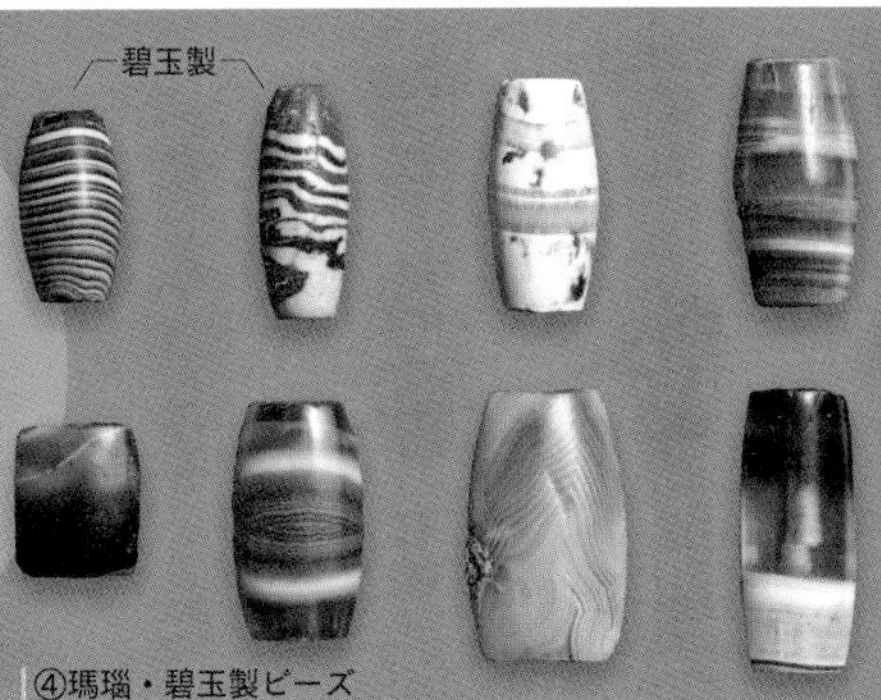

④瑪瑙・碧玉製ビーズ

⑤銅製品

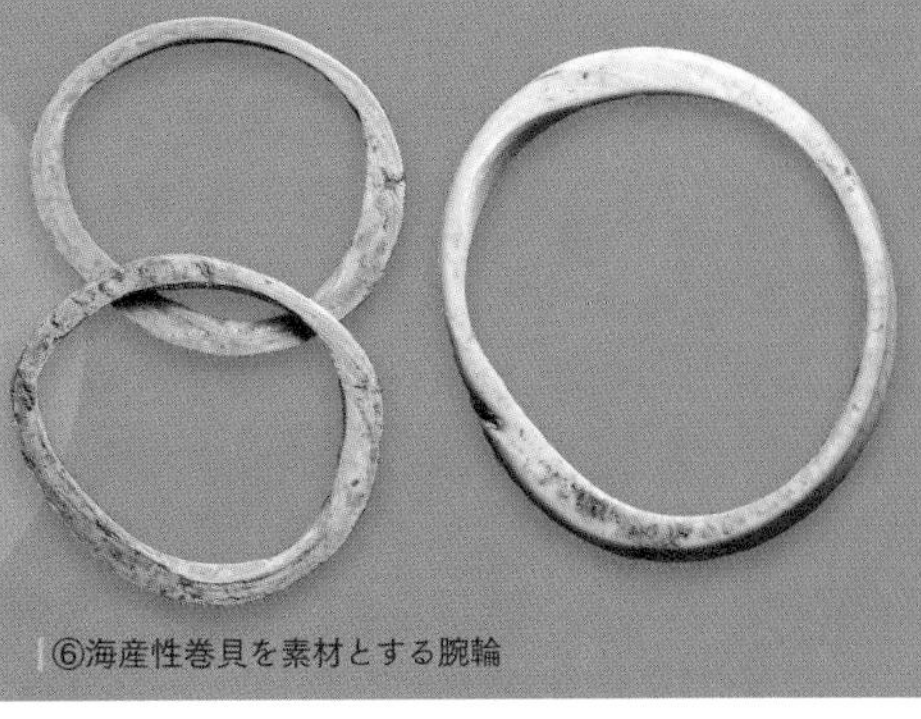

⑥海産性巻貝を素材とする腕輪

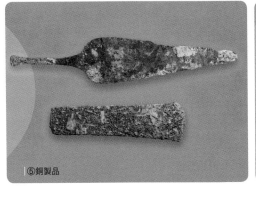

14 社会を支えたもの(1) ——墓と工芸品生産

インダス文明の広域型都市社会はどのように誕生し、維持されたのでしょうか。これは文字が未解読の現状では答えることがとても難しい問いですが、非常に重要な研究課題です。

都市と文字が存在することは確実で、インダス文明社会をまとめあげるための広域ネットワークと独自性を保持した地域社会群、すなわち統一性と多様性が存在したことも確かです。問題は、誰が都市の建設を主導し、広域社会をつくりだそうとしたのか、またそのなかで地域社会がどのように広域型都市社会のなかに組み込まれたのか、また地域社会間の関係はどのように維持されていたのかということです。

インダス文明では集落とは別に墓地が営まれ、多数の墓が築かれています。ファルマーナー遺跡(ガッガル地方)の墓地もその一つです。墓は土《ど》壙《こう》墓《ぼ》と呼ばれるもので、長方形の墓穴のなかに遺体をおさめる単純なものですが、墓のあいだには、埋葬施設にも副葬品にも際立った違いが認められません。少なくとも墓に葬られた人々のあいだには社会的格差がなかったようにみえます。メソポタミアやエジプト、中国では王あるいは権力者のための壮大な墓が築かれましたが、インダス文明ではそうした権力者の墓がみつかっていないのです。

一方、各地に巨大な都市を建設するためには、大がかりに労働力を編成することが必要ですし、都市生活を支えるための物流システムを維持することが求められます。社会をまとめあげ、労働力と資源を動員する何らかの権力組織が存在したことは確かです。

これまで、インダス文明の社会構造をめぐっては、都市と文字がある以上、当然国家やそれを支える階級組織が存在したという議論や、あるいは少数の集団が圧倒的な権力をもつ社会ではなく、さまざまなかたちで共存するコミュニティ間の競争的・同化的関係が都市社会をつくりだしたのではないかといった議論がなされてきました。また、武力による征服や戦争の存在を示唆する証拠がないことも、この議論の重要な論点となっています。

答えを導き出すことは容易ではないのですが、各地に展開する地域社会を一つの都市社会の枠組みのなかに組み込むうえで重要であったのが、13章で取りあげた工芸品生産であったと考えられます。工芸品に用いられる諸々の素材は、インダス文明域内に等しく分布するのではなく、地域的な偏りをもっています。したがって、工芸品を生産するためには偏在する諸資源にアクセスすること、その素材を高度な技術を用いて製品に加工することが必要で、さらにそれらを広く流通させることが広域型都市社会の形成と発展にとって重要になってきます。

興味深いのは、印章や石製装身具などの工芸品が一元的に生産されるのではなく、各地の都市とその周辺の工芸品生産センターで多元的に生産されていることです。たとえば、グジャラート地方では、中心都市であるドーラーヴィーラー遺跡でも小さな集落であるバガーサラー遺跡でも盛んにビーズづくりがおこなわれていたことを示す証拠が見つかっています。都市社会の政治・経済活動において極めて重要な意味をもつと考えられる印章でさえ、各地の都市、拠点集落で生産されています。その一方で各地で生産される工芸品はスタイルの点で強い共通性を有しています。†

†どのような仕組みのもとで、工芸品のスタイルが広域に共有されていたのか不明である。工人の移動や製品の流通など、さまざまなかたちをとっていたと考えられるが、その実態はわかっていない。

インダス文明社会の集団墓地

インダス文明時代には、居住空間とは分離されるかたちで集団墓地が築かれている。ファルマーナー遺跡（ガッガル地方）の例では居住域から西北西に900mほどのところで墓地が発見された。発掘されたのは50基ほどだが、周囲にも広く墓の痕跡が確認されており、数百基の墓が眠っている可能性が高い。

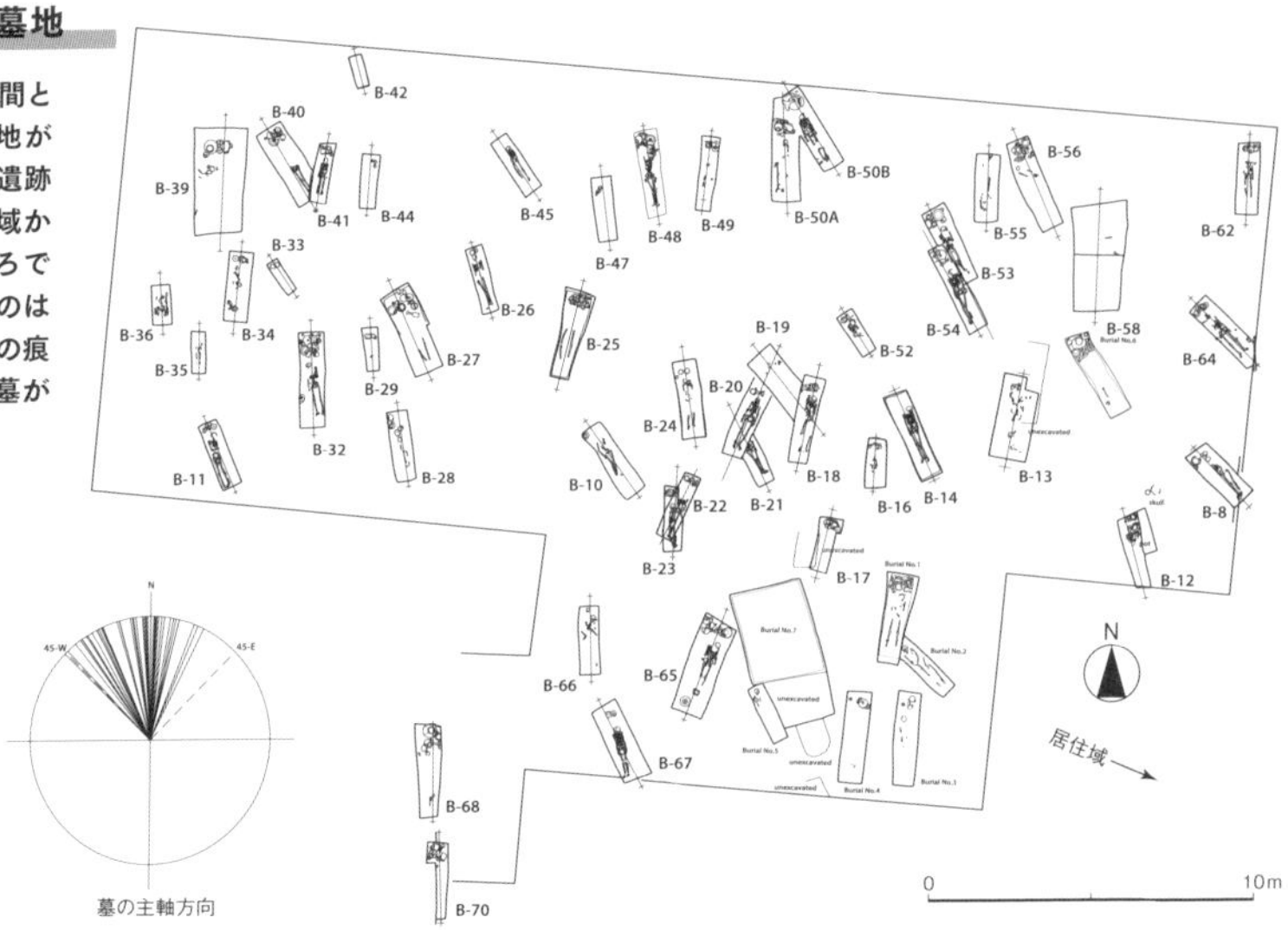

⑤ファルマーナー遺跡の墓地

インダス文明社会の墓

一つの墓壙には基本的には1体の遺体が葬られている。被葬者は男性、女性、幼児がみられ、土器や装身具が副葬されている。幼児でも、貴重な銅でできた腕輪が副葬された例もある。土器には、食器、飲器、貯蔵器など多様な容器がある。

男・女、成人・幼児で副葬品の種類に違いはあるが、権力者を葬ったと考えられる墓はみつかっていない。

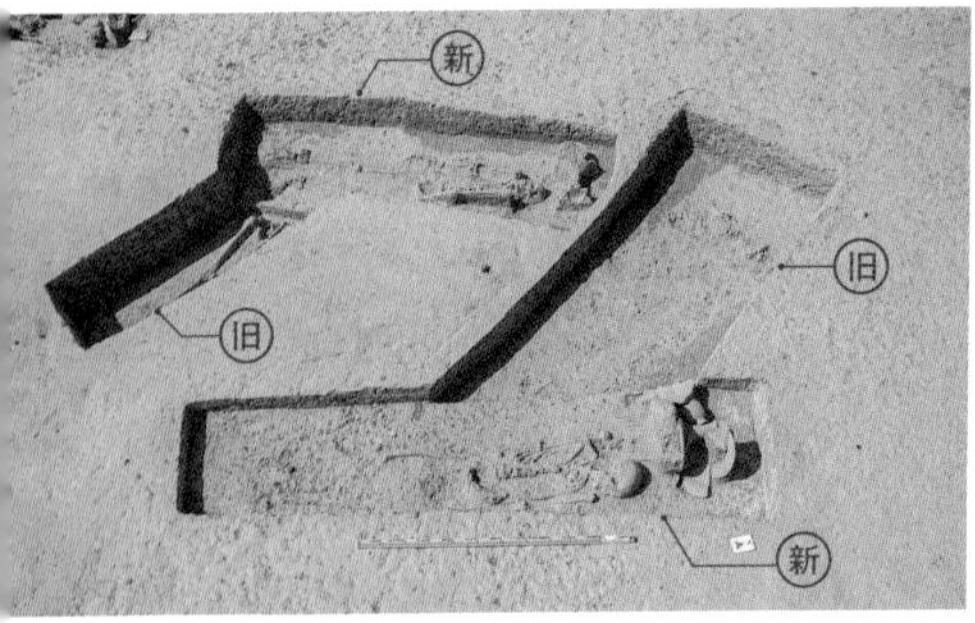

⑥前の墓を壊してつくった墓

⑦豊富な装身具をつける女性

⑧銅製の腕輪を副葬した幼児墓

⑨副葬された多数の土器

⑥〜⑨はすべてファルマーナー遺跡

14 インダス文明社会の都市と墓制

広域型都市社会であるインダス文明がどのような権力や社会組織によって支えられていたのかよくわかっていない。国家の存在を指摘する説や各地の商人集団の主導性を推測する説、平等型の社会を見出そうとする説などさまざまな学説が提示されてきた。ここでは都市の建設・維持と墓制から考えてみよう。

都市と権力

都市は多大な労働力と資源を投入して築かれた地域社会と文明社会の中心である。都市には、行政や祭りなど都市社会を運営するためのさまざまな施設や、人が密集して暮らす居住空間の衛生を維持するための給排水施設が築かれた。そこにみられるのは、都市と地域社会、さらには文明社会を統括し維持しようとする権力者の存在である。彼らが労働力を組織して都市を運営したのであろう。

①モヘンジョダロ遺跡（シンド地方）の大沐浴場

②モヘンジョダロ遺跡の排水溝

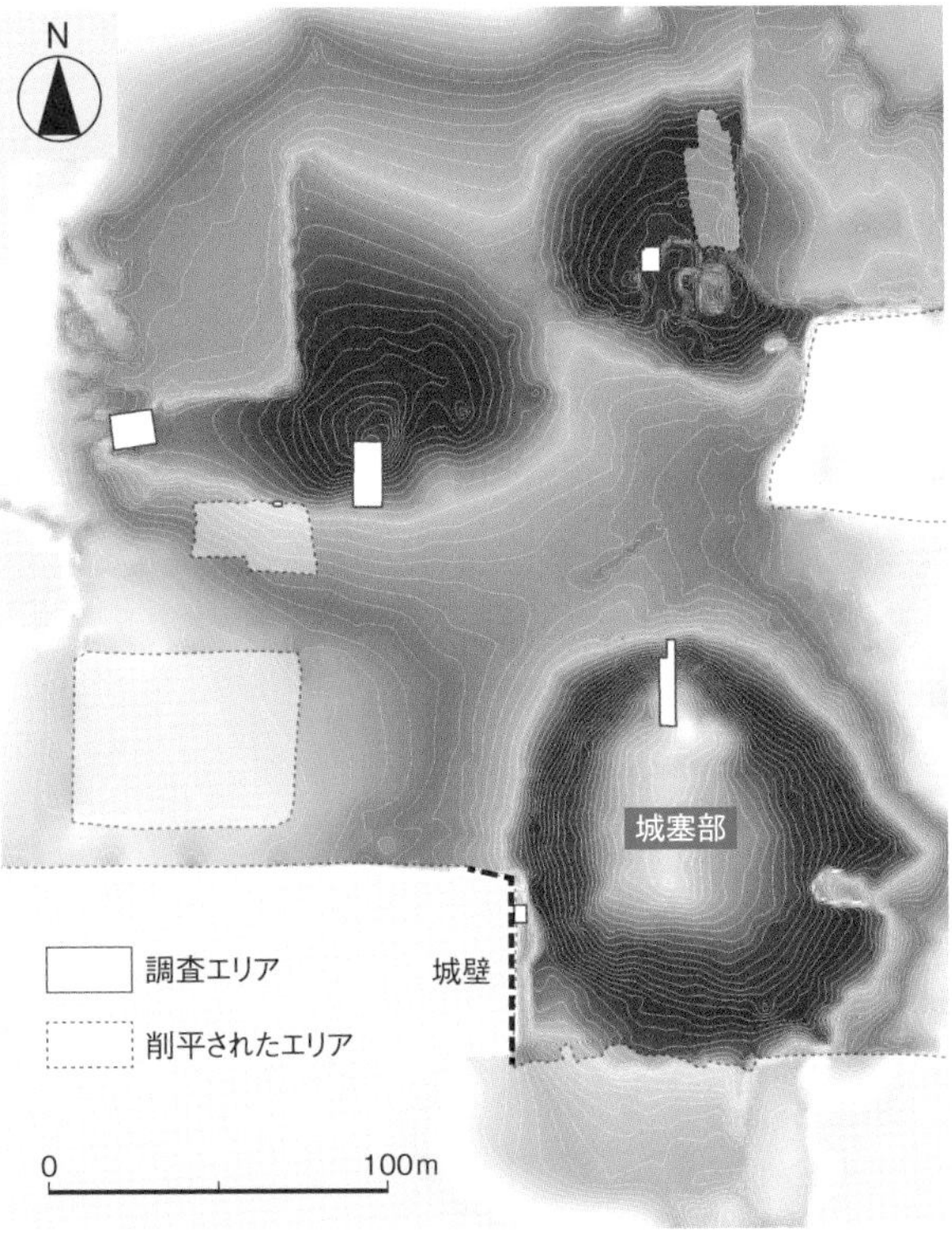

③ミタータル遺跡（ガッガル地方）

④ミタータル遺跡の日干煉瓦積周壁

15 社会を支えたもの(2) ——物流と権力組織

もともと、インダス地域の各地に展開した地域社会は、地元の資源に根ざした生活スタイルをベースに社会の仕組みをかたちづくっていたと考えられます。先文明時代になって、隣接する地域と交流関係を強めるようになると、複数の地域社会にまたがる資源流通が発達し、偏在型資源を加工するための技術が開発され、共有されるようになります。

先文明時代後期のバローチスターン地方北東部、パンジャーブ地方、ガッガル地方には凍石《とうせき》を素材とした印章が分布するようになりますが、それらはかたちやデザインだけでなく、凍石を加熱して白色に仕上げるという技術†も共有しています。おそらく凍石はパンジャーブ地方北方の高原地帯からもたらされたと考えられますが、この段階で地産地消の生活様式は、物流を基盤とした社会へと変化しはじめていたとみることができます。印章が地域間交流のなかで用いられる道具だとすると、物流をコントロールしようとする集団が出現していた可能性が高いでしょう。

インダス文明時代になると物流はさらに拡大します。物流の対象となったのが、稀少な工芸品素材だけだったのか、あるいは食料資源やその他の物資も含んでいたのかはわかりませんが、地域間交流が質量ともに拡大したことが、交流の拠点となる都市の建設を可能にしたと考えられます。物流のコントロールには商人だけでなく、何がしかの社会権力が関わっていた可能性が大です。拠点

†凍石のなかには、940度前後で加熱すると白色になるものがあり、印章の製作にあたった職人たちは特定の産地で凍石の原石を採取していたと考えられる。印章の断面を見ると、芯まで白色化したもの、表面だけが白色で芯の部分は原石本来の灰色や褐色を呈するものなどさまざまで、異なる産地の凍石が流通し、印章やビーズの製作に利用されていた可能性が高い。

となる都市に、そこから何らかの利益を得ようとする人々が集住し、大規模な労働力の編成を可能にする仕組みを生み出したと考えられます。

こうした物流の拡大に関わったのが、広域統合を志向するハラッパー文化でした。先文明時代にシンド、パンジャーブ地方に拠点を置いたコート・ディジー文化集団がハラッパー文化集団の母体となっていますが、彼らが人的・物的資源の動員に大きな役割を果たしたと考えられます。

ハラッパー文化集団の社会組織の実態はよくわかりませんが、彼らが物流の拡大を梃子にして各地の地域社会と双方向の関係を築き、インダスの広域型都市社会をつくりあげたとみてよいでしょう。物流だけでなく社会的結合と文化的交流・同化、あるいは社会的競争といった諸々の社会関係をもとにインダス文明が成立したと考えられます。

ハラッパー文化集団が広域型都市社会の形成を主導した背景の一つには、西方との関係があったのではないでしょうか。メソポタミアに都市社会が出現し、周辺地域との交流ネットワークを拡大していくなかで、その余波はイラン高原を介してインダス地域にまで及んでいました。西南アジア文明世界の拡大に刺激を受けたコート・ディジー＝ハラッパー文化集団がその交流に参画し、その存在感を高めようとしたところにインダス文明成立の契機の一つをみたいと思います。そこに見えてくるのは、傑出した王の存在というよりも組織力で立ち向かおうとするインダス地域の社会のあり方ではないでしょうか。そのネットワークに各地の地域社会が参画していく過程こそがインダス文明社会の成立過程といえるでしょう。同時に、西方との関係は文明社会の衰退にも大きな影響を与えていたと考えられます。紀元前２０００年前後に西南アジア各地で生じた社会変容がネットワークに変化をもたらし、インダス文明社会にも諸々の変化を引き起こした可能性が高いでしょう。

④**現代に生きる多様な文化伝統：**インダス文明の社会には、都市民だけでなく、村に暮らす農民や移動しながら生活をする人々も存在した可能性が高い。左の写真は、移動しながら家畜を追ったり、労働に従事したりする人々の小屋で、現代でも南アジアに多様な生活習慣や文化伝統が存在することを示している

⑤**現代の南アジアにみられる角に対する信仰：**現在の南アジアにみられる文化伝統の一つが、角に対する信仰である。地域によっては角に彩色を施すなど、ウシは単なる家畜を超えた存在として扱われる。こうした現代のウシにも見られる角に対する特別視は、インダス文明の時代にも通じるものであろう

インダス文明社会の移り変わり

先文明時代後期に、地域間交流ネットワークが多層化し、地域社会間の関係が著しく広域化した。インダス文明時代前期にはハラッパー文化が広域に拡散し、地域社会群とともに広域型都市社会が誕生する。インダス文明時代後期になると、地域社会内のネットワークが強化され、地域間の交流は一層複雑化する。ポスト文明時代には人口の東方移動が生じ、インダス平原は求心力を失った。

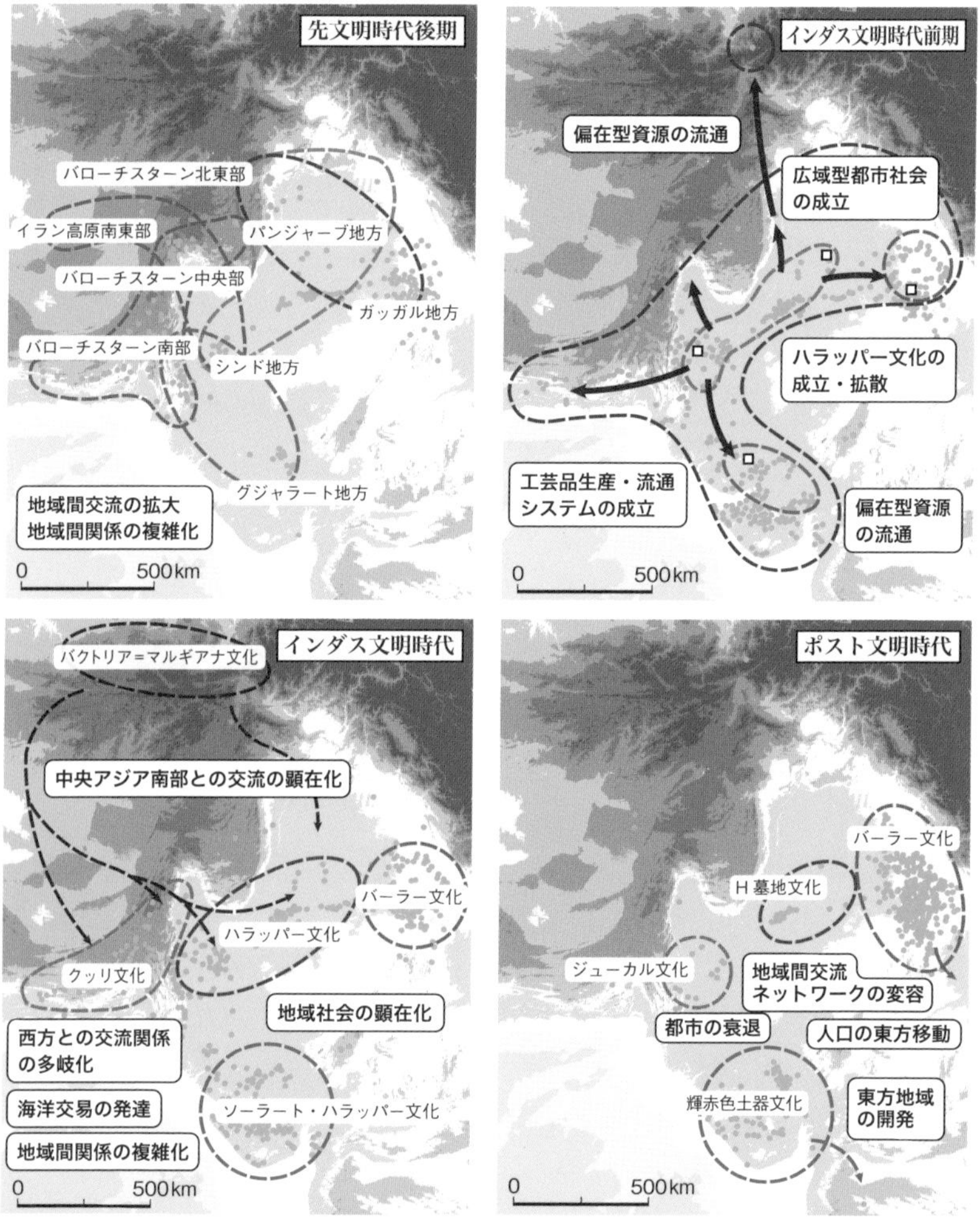

15 工芸品生産システムと社会の変遷

インダス文明が発展した各地域の自然環境は著しく異なっており、利用可能な資源も多様であった。また、文化伝統も各地で際立った違いを示している。そうした多様な地域社会群がどのようにして一つの文明システムのなかに取り込まれることになったのか。その一つの手がかりが、偏在する資源を用いた分散的工芸品生産と広域を貫いて共有される工芸品スタイルにある。そこに広域を結びつけようとする都市社会あるいは権力者集団の意図をみることができる。

偏在型資源の利用

インダス文明の都市社会は、偏在型資源の開発・管理を通して都市の機能を高め、社会の一体性を維持するとともに、西方との交易活動をおこなっていた。また、偏在型資源の存在は、人々の移動性を高め、文明社会を活性化させる役割も果たしたであろう。

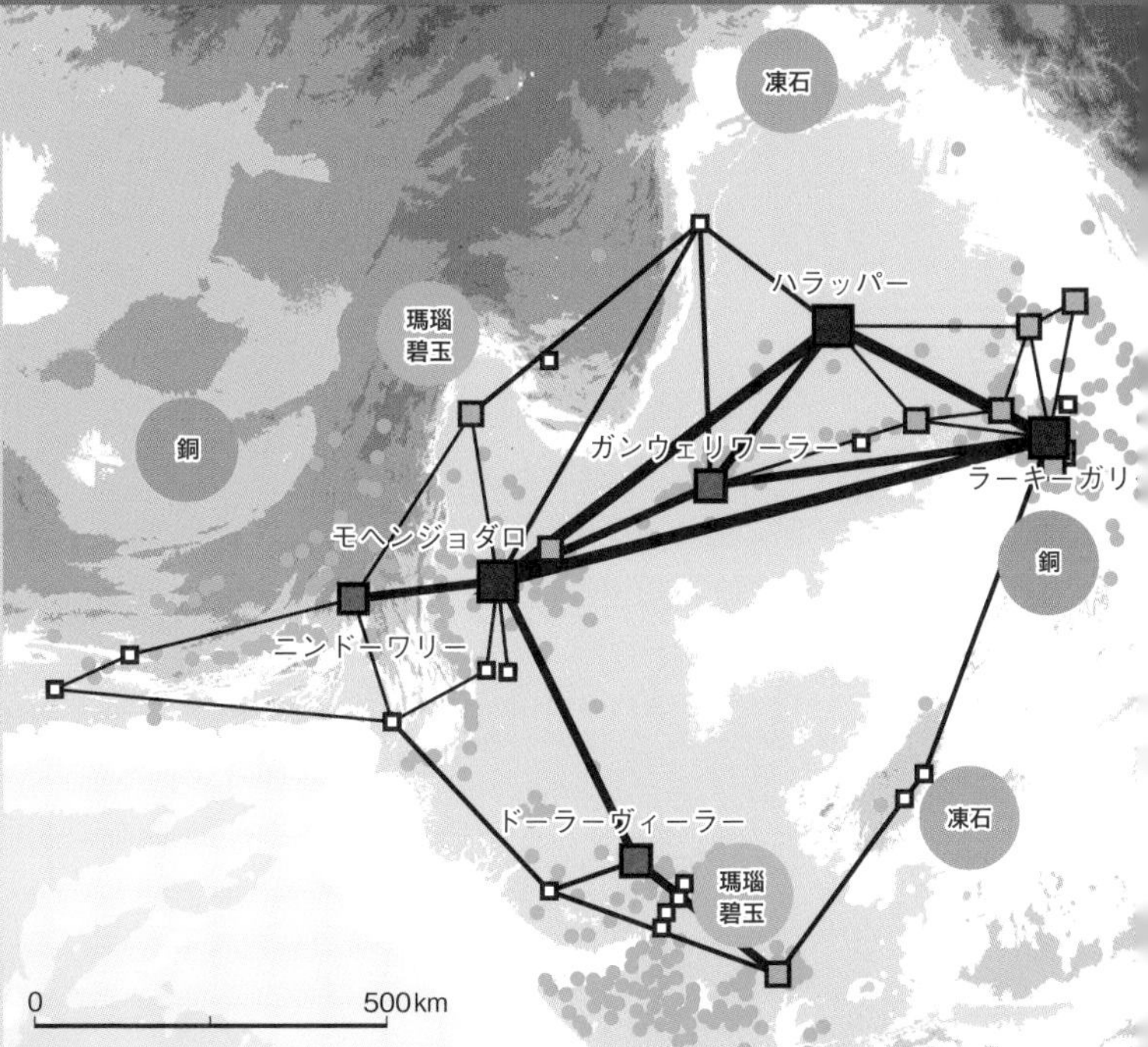

①偏在型資源とインダスの主要都市との位置関係を示す。各地の都市は、地方の拠点集落や小規模集落を介して稀少資源を入手していた

②グジャラート地方で豊富に産出する瑪瑙・紅玉髄。ビーズのかたちに仕上げるために粗割されている。カーンメール遺跡（グジャラート地方）出土

TOPIC 装身具のもつ意味

現代社会では、アクセサリーは個人の嗜好品やみやげ物としての性格が強いが、歴史のなかではさまざまな社会＝文化的価値を与えられ、インダス文明の時代は、そうした装身具が社会的資源として著しく価値を高めた時代であった。

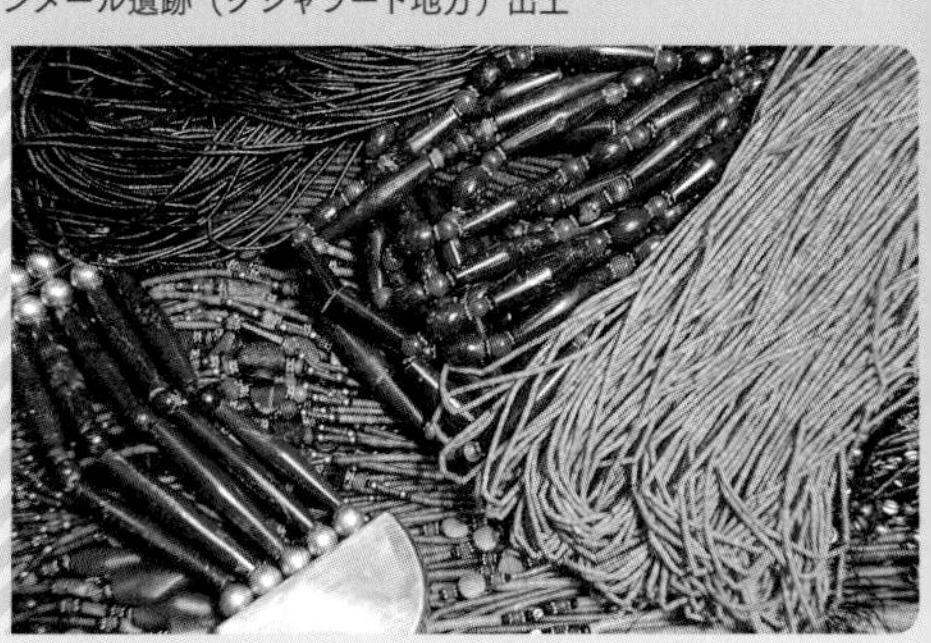

③パキスタン北部のペシャーワルに拠点を置く、トゥルクメン系ビーズ職人がつくった現代の装身具

16 インダス文明社会の宗教

先に取りあげたインダス文明社会のアイデンティティや権力と密接に関わるのが、宗教です。果たしてインダス文明に宗教は存在したのでしょうか。あるいは宗教の基底にある信仰世界はどのような特徴をもっていたのでしょうか。答えからいうと、メソポタミアやエジプトのような確立した神々が存在していたかどうか、かなり疑わしいですが、宗教と呼べるような観念世界の体系は存在したと私は考えています。

10章で述べたように、インダス印章では角や牙をもった動物が特別な意味を有していました。また人面獣や半身半獣など想像上の存在を表した例もあり、実在の人間世界とは異なる何かマジカルな世界の存在を垣間見せています。一見、単純な自然信仰のようにみえるかもしれませんが、意図的に印章に表す図柄を選び、自らの観念世界のなかに取り込んでいた様子をうかがうことができます。その観念世界の構造は複雑で体系化されたものであったと考えられます。

また、数は少ないですが、印章のなかに人格神と思しき人物像を表した例が存在しています。頭には2本の獣角と植物を冠し、台座の上に座っています。なかには左右に多種多様な動物を刻んだものもあり、あたかも動物、すなわち自然界を統べる神のようです。また、神と思しき人物に動物を捧げる場面を表した印章もあります。神なのか王なのか、主観的な解釈によらざるを得ないのですが、何がしか卓越した力をもった存在であったことは確かでしょう。こうした獣角と植物を冠する人物の表現は先文明時代後期から存在しており、都市社会が成立する過程で、神にせよ王にせよ、自然界と一体視される超越的な存在が社会のなかで重要な力、意味をもつようになっていたことを示しています。

有名な「神官王」像†と呼ばれる石像が、インダス文明の宗教とどのように関わっていたのか、よくわかっていません。頭と右腕に帯飾を巻き、豊かな髭をたくわえています。また、胴には三葉文をあしらった衣をまとっています。何か威厳のある人物のように見えますが、実はモヘンジョダロ遺跡（シンド地方）でのみ知られるこれらの石像については、出土状況からは、どのような施設に設置されていたのか不明です。また、明確に神殿に特定できる遺構がみつかっていないことも宗教の問題を考えるうえで大きな障壁となっています。

一方、彩文土器の図柄をみると、コブウシやクジャクを描いたものが多くみられます。コブウシはバローチスターン地方の土器に、クジャクは平原部のハラッパー式土器に描かれていて、地域によって重要性をもつ動物が異なっていたようですが、印章に表現される動物たちと同じように、自然界に対する畏敬の念が人々の観念世界のなかで重要な意味をもっていたことを示しています。土偶について紹介したように、女神（地母神）もまたインダス文明時代の造形のなかでその存在感を示していますし、また地域によって表現対象が異なっています。

このようにみてくると、インダス文明の宗教観は、自然信仰を体系化、重層化させたものであったと考えられます。解釈に頼らざるを得ないところも多いのですが、宗教観もまた統一性と多様性という視点から、考えていく必要がありそうです。

†「神官王」像という名は明確な根拠のないきわめて解釈的な名称である。何がしか特別な立場にいた人物を表している可能性は高いが、どういった性格・意味をもつものであったのかよくわかっていない。

想像獣の表現

先文明時代からインダス文明時代にかけての動物表現のなかには、想像上の動物を描いた例が存在する。このことは人々が共有する観念世界のなかで意味や価値を与えられていたからこそ、表現の対象となったことを示している。

⑥グリフィンが描かれた彩文土器。出土地不詳

⑦2頭の一角獣が刻まれたカーリーバンガン遺跡出土の印章

⑧人面獣が刻まれたハラッパー遺跡（パンジャーブ地方）出土の印章

インダス文明の図像体系

インダス文明社会は各地の地域社会間の関係によって成り立っている。そこには、異なる文化伝統の併存、融合、再編成など、さまざまな現象が生じていたと考えられるが、図像体系もまた異なる伝統間の関係によってかたちづくられている。

先文明時代には、バローチスターン地方で発達した図像・文様（菩提樹文や獣角文）がインダス地域各地に広く共有される。これは拡大する交流ネットワークと価値観の共有の結果であり、インダス文明時代の広域型社会の基盤となった。

図像の変化をみると、こうしたインダス文明社会の図像体系の多様性・重層性を見出すことができる。

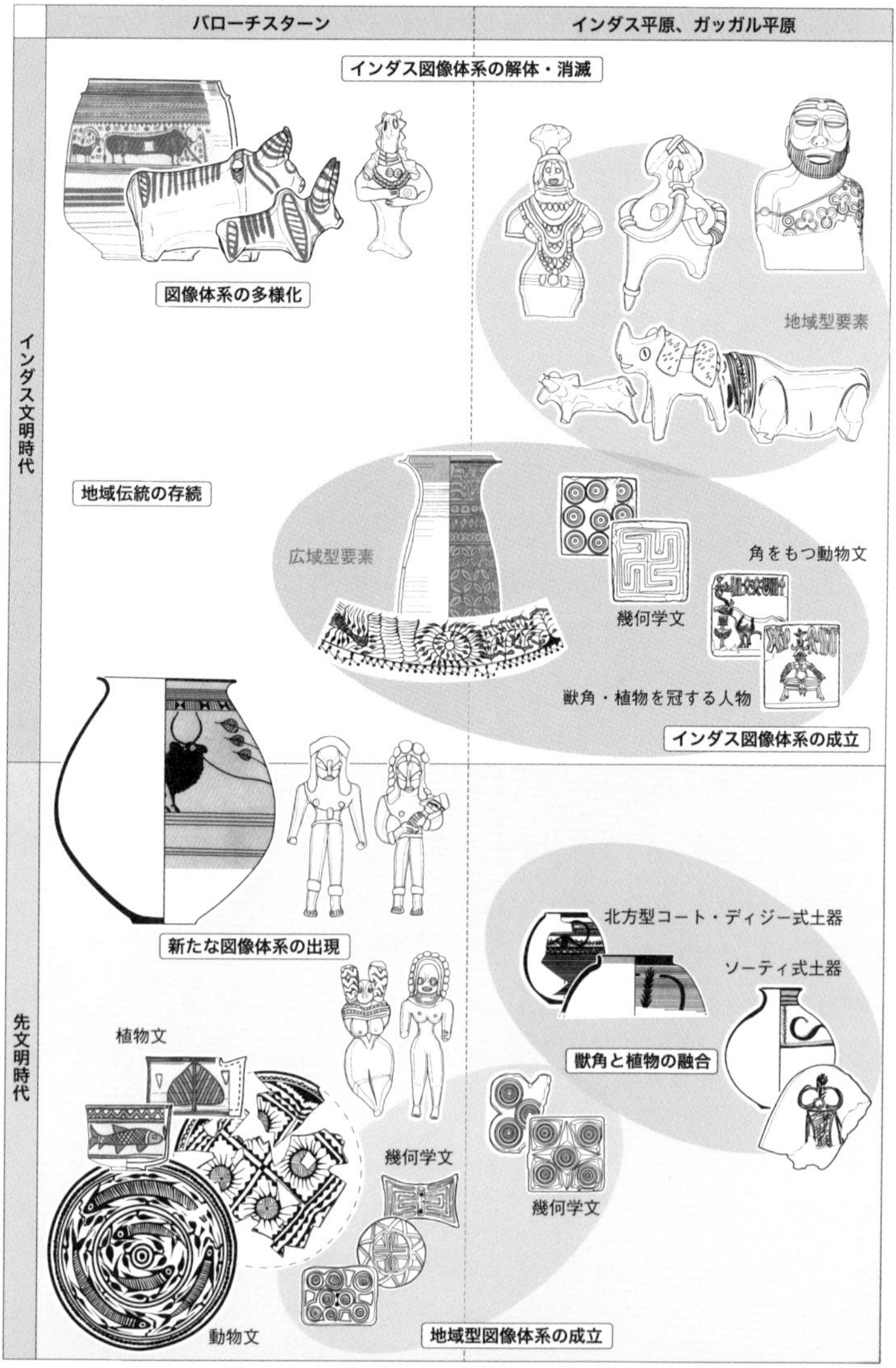

16 インダス文明の宗教

広域型都市社会を支えるためには、一般民衆の信仰とは別に社会に広く共有される観念世界の創造が不可欠である。インダス文明の観念世界をうかがわせる遺物はさまざま知られているが、そこに強く見出されるのは自然世界に対する人々のまなざしである。その一方で、人格神の観念も芽生えていたことを示す資料もあり、未発達ながらも体系化された宗教が存在していた可能性を示している。

インダスの神か？

あまり数は多くないが、印章のなかには人物を表した例も存在する。神なのか王なのかわからないが、動物を従える様子は、超人的な力を備えた存在であったことを示唆している。

①植物と獣角をいただく人物

②動物を従える人物

③動物供儀を受ける人物

「神官王」像

モヘンジョダロ遺跡（シンド地方）では石製の「神官王」像が複数出土しており、インダス文明を代表する遺物の一つとなっている。これらの人物像はインダス文明時代後期のものであり、前・中期から大きく変化する社会のなかで生み出された可能性が高い。

a. 凍石製、高 17.8 cm

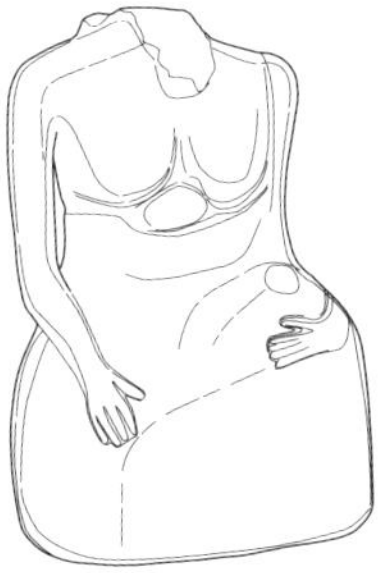

b. アラバスター製、高 29.2 cm

e. 石灰岩製、高 17.5 cm

c. アラバスター製、高 42.0 cm

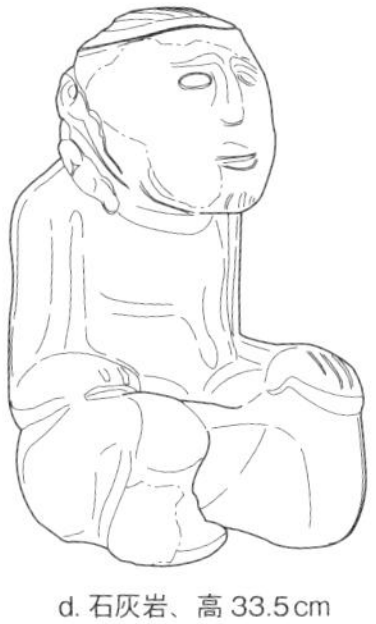

d. 石灰岩、高 33.5 cm

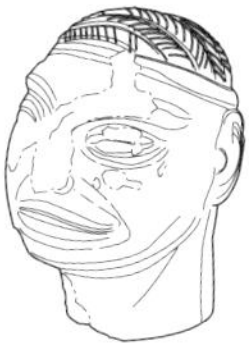

f. 砂岩、高 13.5 cm

④モヘンジョダロ遺跡出土の「神官王」像

獣角と植物を冠する人物

カーリーバンガン遺跡（ガッガル地方）の先文明時代層で出土した土板に表現された人物像。インダス文明時代の印章例と同様に、獣角と植物を冠している。

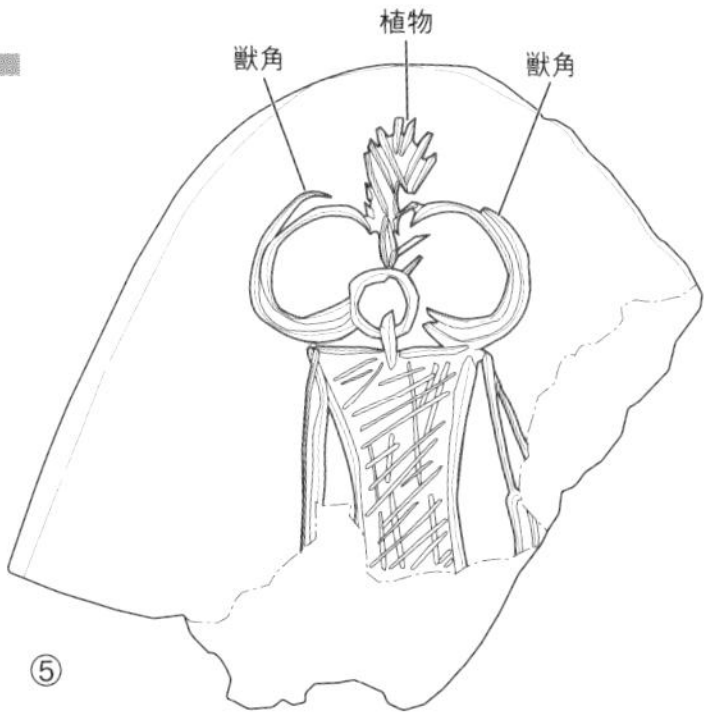

⑤

17 インダス文明と周辺地域の交流（1）

インダス文明が発見された１９２０年代から、この文明がメソポタミアのシュメール文明と交流関係をもっていたことが知られていました。モヘンジョダロ遺跡（シンド地方）やハラッパー遺跡（パンジャーブ地方）で発見されたのと同じ印章がメソポタミア南部の遺跡で出土していたのです。このことから、研究の初期の段階においては「インド＝シュメール文明」という名称が与えられたこともありました。その後の調査で、アラビア半島や中央アジア南部でもインダス文明の遺物が出土することが明らかになり、周辺地域との関係がインダス文明の理解において大変重要であることがわかってきました。

先にインダス文明をみる視点として、超広域型交流ネットワークの存在をあげました。研究の初期に提示された、インダス文明がメソポタミアからの強い影響下で出現したという説に対して、１９５０年代以降の調査はインダス地域内部の社会発展がインダス文明の成立の基盤となったことを明らかにしてきましたが、それでもなおインダス地域と周辺地域の関係がインダス文明の理解にとって意味を失うわけではありません。研究が進めば進むほど、超広域型交流ネットワークがインダス地域内の社会発展・変容と同じように重要であることが認識されるようになってきています。

私自身、ペルシア湾に浮かぶバハレーン島の調査に関わるなかで、インダス文明と西方との関係がいかに重要であったかを痛感するようになってきました。超広域型交流関係は、インダス文明の統一性と多様性、そしてインダス文明社会の変遷を考えるうえでも大きな鍵と考えられるのです。

インダス文明と西方のアラビア半島、メソポタミアとの関係はインダス文明時代中期、すなわち紀元前２４００年頃に活発になってくるようです。この頃のメソポタミアでは、ウルの王墓群からインダス産と考えられる石製ビーズが多量に出土していますし、いくつかの遺跡からインダス地域で出土するのと同じ凍石《とうせき》製印章が出土しています。インダスの都市社会が確立するのと同時に西方との交流が活発化しているのです。インダス文明は早い段階にアフガニスタン北部のラピスラズリ原産地にまで進出し、西方との交易活動のなかでプレゼンスを高めていきます。また、アラビア半島を睨むバローチスターン地方南西部の沿岸地域にも、インダス文明の拠点が築かれています。インダス文明にとって、西方との交易はかなり早い段階から重要な意味をもっていたのでしょう。

メソポタミアの粘土板文書には、東方の地域の一つとして「メルッハ」と呼ばれる地名が出てきます。この「メルッハ」がインダス文明を指すと考えられており、メソポタミアにとっても重要な交易相手であったようです。「メルッハ」の通訳がメソポタミアに存在していたことも知られています。文献史料と考古資料は両地域の関係がかなり深いものであったことを示しています。インダスからメソポタミアへと紅玉髄製ビーズなどさまざまな器物が輸出されていたことは確かですが、インダスの人々がメソポタミアから何を得ていたのかよくわかっていません。インダス文明域の遺跡からはメソポタミア由来の器物はまったくといってよいほど見つかっていないのです。穀物が輸入されていた可能性もありますが、その証明は難しいのが実際です。はるかメソポタミアへとインダスの人々を赴かせたものが何であったのか、重要な研究課題です。

「メルッハ」について記された粘土板文書

写真はウル第III王朝期（前2112～前2004年頃）の粘土板文書。「メルッハ」や「マガン」について記載がある。「メルッハ」はインダス地域、「マガン」はオマーン半島を指すと考えられている。アッカド王朝期（前2334～前2154年頃）からウル第III王朝期には、「メルッハ」や「マガン」からメソポタミアに来航した船や積荷、「メルッハ村」の存在など、「メルッハ」「マガン」についての記録が多くみられる。実際に、メソポタミアではインダス地域に由来する凍石製印章や石製ビーズが出土しており、両地域間に交易、交流があったことを示している。

③

④

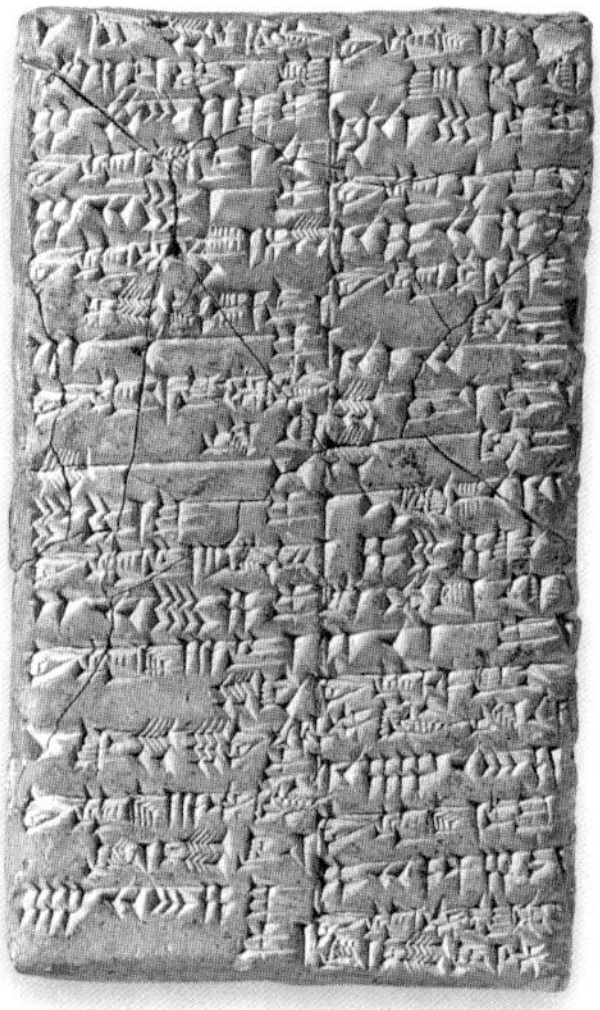
⑤

メルッハの通訳Shu-ilishの印章

インダス地域で出土したアッカド王朝期のメソポタミアで製作された印章である。印章に刻まれた文字から「メルッハの通訳」である「Shu-ilish」が所有していたものであることがわかっている。前3千年紀後半の段階で、「メルッハ」とメソポタミアに交流があったことを示す重要な証拠の一つである。

⑥

⑦

バクトリア＝マルギアナ文化の遺物

バクトリア＝マルギアナ文化は、前2100年頃、中央アジア南部（現在のトルクメニスタンやウズベキスタン）に栄えた文化である。物質文化も特徴的で、複合式人物像や金属製品のほか、印章が知られている。この文化に由来する遺物は、イラン高原からバローチスターン地方、インダス川流域の平原部、さらには湾岸地域のオマーン半島やバハレーン島などで広く出土しており、西南アジア文明世界各地との超広域にわたる交流を示している（18章）。

⑧バハレーン島で出土したバクトリア＝マルギアナ文化系の土器

⑨石製の複合式人物像

⑩双頭鷲神、グリフィン、猪を表現した儀礼用の銀斧

17 インダス文明とメソポタミアの交流

インダス地域と接するメソポタミア、アラビア半島、中央アジア南部では、インダスで生産されたと考えられる工芸品が広く出土している。この超広域型交流関係がインダス文明社会の成立と発展、さらには衰退にどのように関わっているのかも、重要な研究テーマである。

西南アジア文明世界におけるインダス印章の分布

インダス文明由来と考えられる凍石製形象文印章は、メソポタミアや中央アジア、アラビア半島の遺跡でも出土している。これはすなわち、インダス地域出自の人々が、自らの印章をたずさえて周辺地域に移動し、活動していたことを示している。

インダス文明・メソポタミア文明の代表的な遺跡

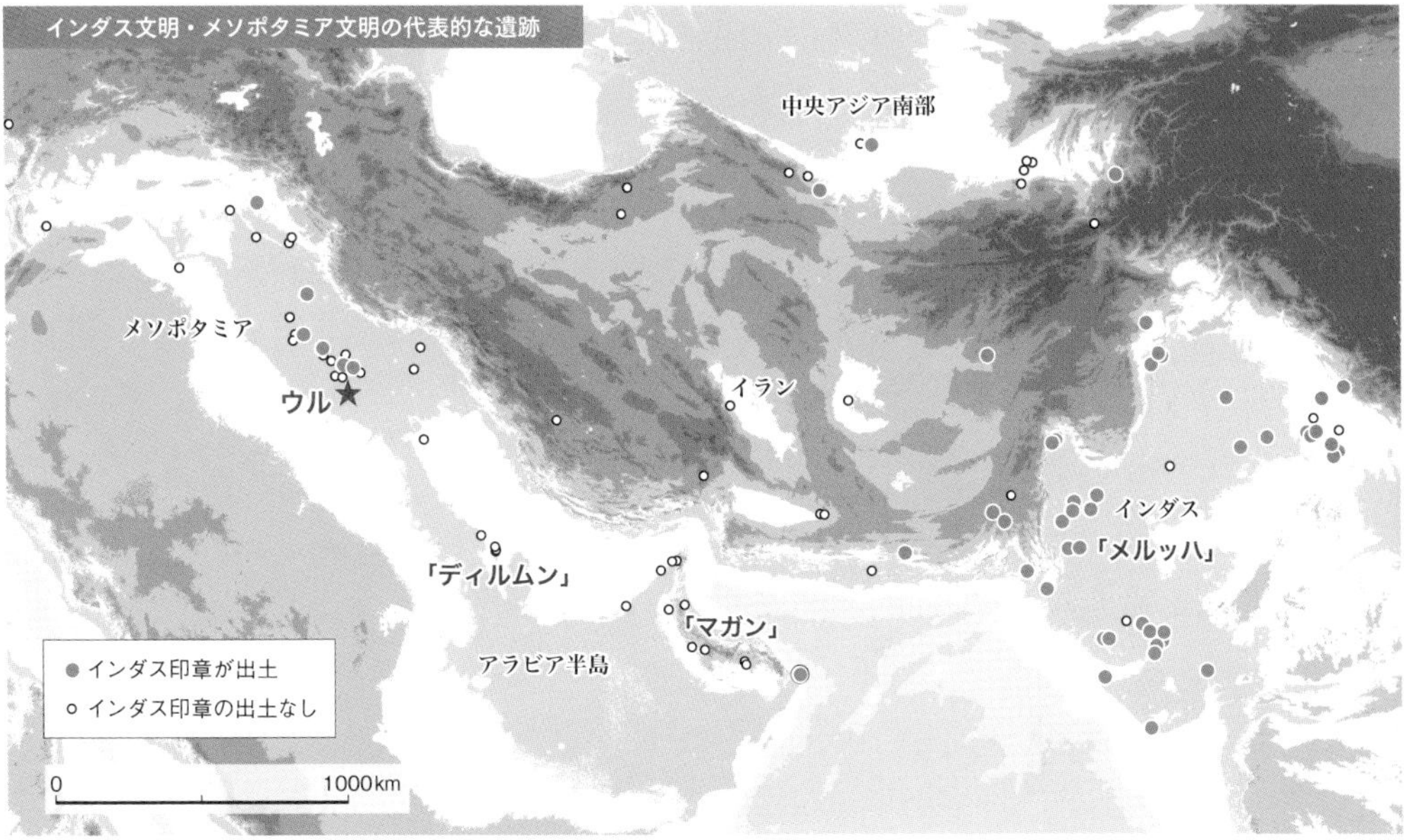

ウルの王墓

メソポタミア南部のウルは、メソポタミア文明を代表する都市遺跡である。ウルの初期王朝時代（紀元前2900年～前2300年頃）の王墓群からは、インダス地域からもたらされたと考えられる紅玉髄製のビーズが多数出土している（①前2400年頃の墓から出土）。②はウルの葬送儀礼の想定図

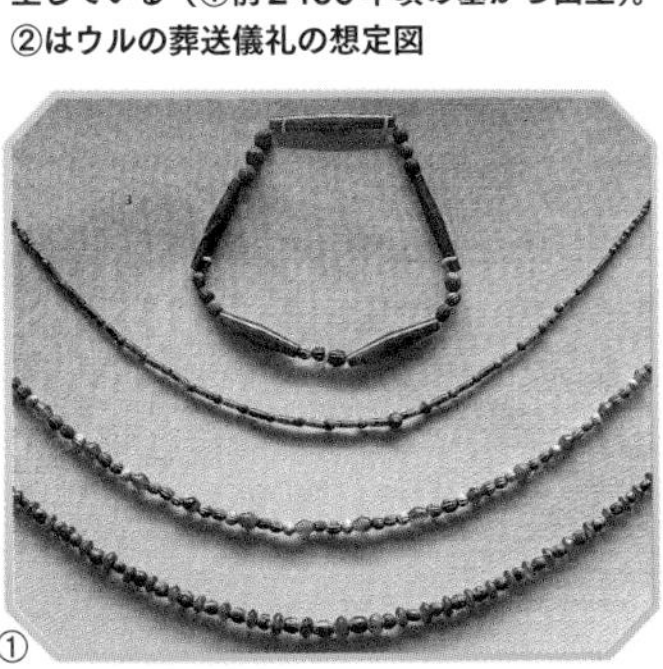
①

②

18 インダス文明と周辺地域の交流(2)

インダス文明時代後期に相当する紀元前２１００年頃になると、インダスと西方との関係に変化が生じてきます。メソポタミア南部からペルシア湾岸地域において、湾岸印章と呼ばれる印章形式が出現します。そこにはインダス印章に共通する文字とバイソンが刻まれています。先行時期にはインダス地域に共通する特徴をもったインダス印章がメソポタミア南部にもたらされていましたが、この時期には、おそらくはこの地域に暮らしていたインダス系集団が、その故地の印章を祖型とした独自の印章を生み出したのです。

この湾岸印章はインダス地域でも出土していることから、湾岸地域のインダス系集団はインダスと湾岸地域、そしてメソポタミアをつなぐ交易活動に従事していたと考えられます。それを裏づけるように、前２０００年前後のバハレーン島ではインダス系の土器や石製ビーズが多数出土するようになります。それはこの時期にバハレーン島がインダス地域からメソポタミアの各地をつなぐ海洋交易で栄えたことによります。バハレーンはメソポタミアの粘土板文書において「ディルムン」として知られたところで、海洋交易ネットワークのなかで重要な役割を果たしています。今でいう香港や、シンガポール、ドバイといえばわかりやすいかもしれません。物流の中心として発達したのです。

インダス文明時代の終末期に、バハレーンとの交流関係が強化される様子は、インダス文明の衰退を考えるうえでも大変重要です。インダス地域南東部のグジャラート地方がこの交易関係のなかで重要な役割を担ったようですが、都市社会が衰退に向かうなかで、グジャラート地方の人々が海洋交易を軸にしてインダス文明を存続させようとしたさまが浮かんできます。

今一つ、インダス文明時代後期に注目されるのは、中央アジア南部とインダス文明の関係です。この時期の中央アジア南部では、バクトリア＝マルギアナ文化と呼ばれる都市文明が発達していたことが知られています。中央アジア南部の地域ではインダス文明時代の印章や石製ビーズが、インダス地域では中央アジア南部系印章や土器などが出土しており、その関係は双方向であったようです。この交流関係がどのような背景のもとで活発化したのか、よくわかりませんが、一説にはこの中央アジア南部がインド＝ヨーロッパ語族の一派であったアーリヤ人の南アジアへの移住に深い関係をもつとされ、インダス文明衰退以降の南アジアにとっても重要な意味を有していると考えられています。

このようにインダス文明は周辺地域とさまざまな関係を築きながら展開しました。そもそもその成立の過程において、西のイラン高原との交流関係が重要な役割を果たしたことから考えると、インダス地域の人々にとって周辺地域との交流関係は文明社会を維持するうえにおいても不可欠な意味をもっていたことがわかります。繰り返し述べてきたように、狭域、広域、超広域といった多層的な空間スケールと、それぞれのレベルで展開する交流関係の時間的変化を整理しながら、インダス文明を読み解いていくことが重要です。インダス文明は、「文明社会」という複雑な歴史事象を考えるとき、多視的な理解が不可欠であることを教えてくれます。

バハレーン島出土のグジャラート系土器

前2000 ～前1700年頃のバハレーン島に築かれた墳墓からは、単純な幾何学文を彩文した細頸壺や広口壺など、インダス文明系と考えられる土器が多く出土している。特にグジャラート地方と関係をもつ土器が多いことは、この時期にグジャラート地方の集団が海洋交易に深く関わったことを示している。

③

④

⑤

バハレーン島出土のインダス系ビーズ

バハレーン島は前2100年頃から海洋交易の中心地として発展した。この時期以降、墳墓からはインダス系の技術で穿孔された紅玉髄や瑪瑙などの石製ビーズが多数出土するようになる。

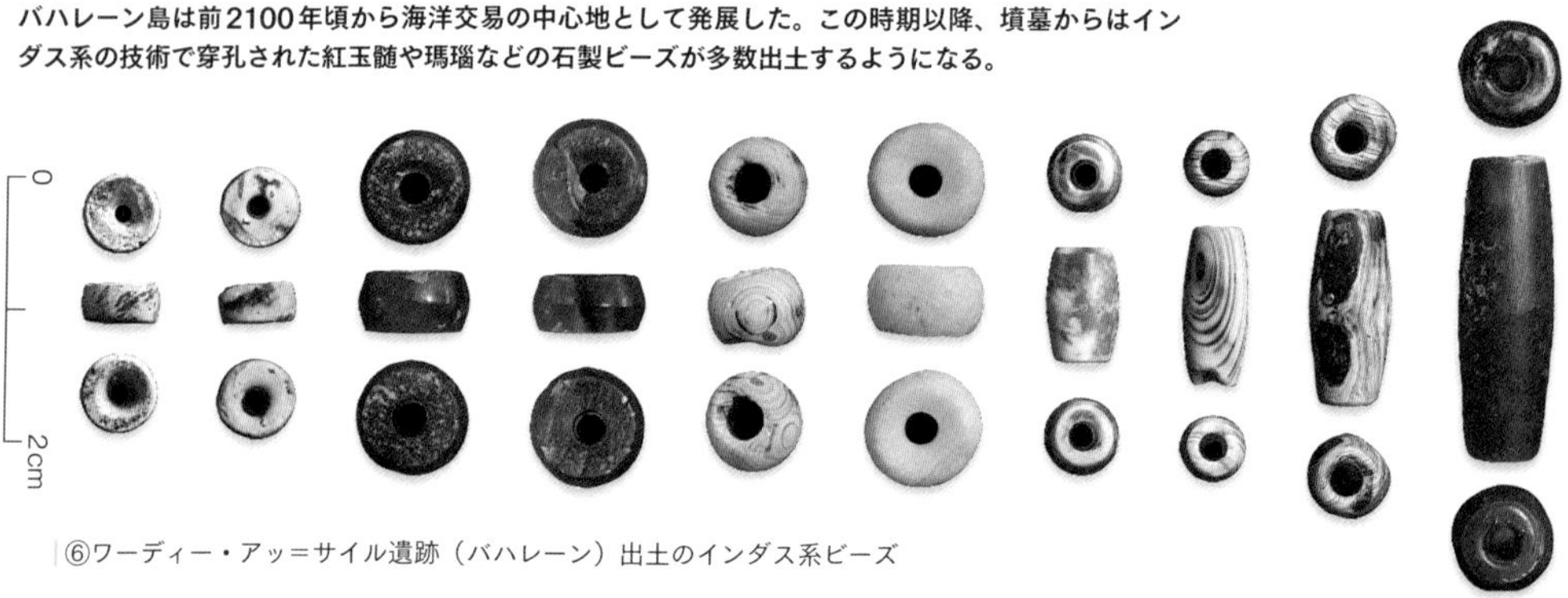

⑥ワーディー・アッ=サイル遺跡（バハレーン）出土のインダス系ビーズ

バハレーン島の王墓群

前2000 ～前1700年頃のバハレーン島には、メソポタミアからペルシア湾岸地域に進出してきた遊牧民アモリ人の王権が誕生し、王族を葬ったと考えられる大規模な墳墓が築かれるようになる。これはインダス地域やメソポタミアとの海洋交易がバハレーン島の社会の発展にとって重要な意味をもっていたことを物語っている。

⑦バハレーンの市街地に残る大規模な墳墓

18 インダス文明と周辺地域の交流

インダス文明と周辺地域との交流はさまざまなかたちをとっていたと考えられ、メソポタミアやアラビア半島各地に移住し、そこで生活を営みながら生きた人々も存在した。出土遺物からは、移住先であっても、彼らがインダス地域との関係やアイデンティティを維持していたことがうかがわれる。

インダス系湾岸印章の分布

紀元前2100年頃になると、ペルシア湾岸地域で独自の印章様式が生み出される（インダス系湾岸印章）。そこにはインダス文明系の図像とインダス文字が刻まれており、湾岸地域での交易活動にインダス文明系集団が深く関わっていたことを物語っている。

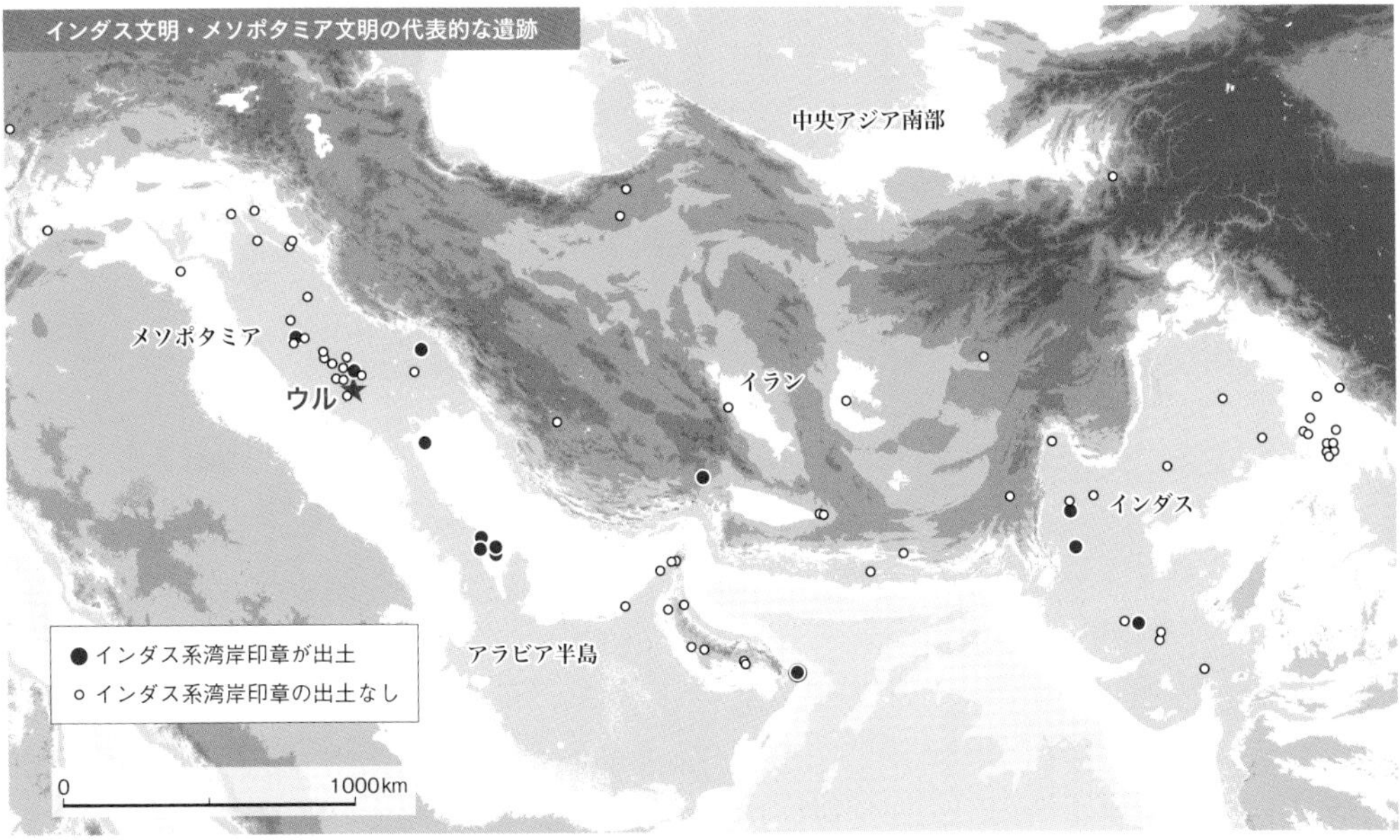

インダス系湾岸印章

インダス系湾岸印章は、図柄（バイソン）とインダス文字だけでなく、石材の表面を白く仕上げるという外観の点でもインダス印章との共通性を示す。しかし、前2000年頃になると、製作技術は継承されるものの図柄は大きく変化し、インダス印章とは異なる印章様式へと展開する。

①②ジャナビーヤ遺跡（バハレーン）出土のインダス系湾岸印章

19 インダス文明社会の衰退

広大な地域に展開したインダス文明の都市社会はどのように衰退したのでしょうか。紀元前1900年頃に衰退したと考えられていますが、そのプロセスはよくわかっていません。

これまでにアーリヤ人†による破壊、地殻変動による洪水、環境変化など、さまざまな説が提示されてきましたが、これらの説はいずれもインダス文明社会を受け身的に捉えるもので、人類社会の側の変化あるいは適応を説明するものではありません。そもそも衰退期のインダス文明社会の変容過程はよくわかっていないのです。

最近具体的に論じられるようになってきたのが環境変化です。西アジアでは前2200年頃から乾燥化が進み、メソポタミア文明を取り巻く環境が悪化したことが指摘されてきました。これを「4・2ka環境イベント†」と呼びますが、その影響がインダス文明の地域にも及んでいたことが明らかになってきたのです。「夏季のモンスーンが弱まり、降水量が減少した結果、人々は東方のより降水量の多い地域へと移住を余儀なくされた。その結果として、インダス文明時代の都市社会を支えた交流ネットワークは機能しなくなり、都市が放棄された」というのがこの説の概略です。

この説はインダス地域の古湖沼の堆積物コアによる環境変化の復元にもとづくもので、インダス文明の衰退を考えるうえで重要な手がかりを与えてくれます。しかしながら、インダス文明社会の

†アーリヤ人は、インド・ヨーロッパ語族の一派であるインド・イラン語族から分岐した「インド・アーリヤ語」を話す言語集団である。現在南アジア北半部で話されている諸言語の多くはこのインド・アーリヤ語族に属する。言語学的に、彼らは前2千年紀前半～中頃に南アジアに移住してきたと考えられているが、インダス文明との関係についてはさまざまな論争がある。

†「4・2ka環境イベント」は西アジアから南アジアにかけて広い範囲に乾燥化をもた

時間的変化が明確にされていないなかで、あくまでもインダス文明時代後期の環境的バックグラウンドを示すにすぎないという問題点を抱えています。

先に述べたように、インダス文明社会、すなわちインダス文明時代の物質文化の時間的変化はこれまであまり研究されてきませんでした。およそ７００年間にわたって栄えた文明社会ですから、そのなかでさまざまな出来事や変化が生じていたはずです。年代測定の精度が飛躍的に向上し、多種多様な理化学分析が可能になってきた現在、物質文化の変化に多角的なアプローチが可能になってきています。

しかし、物質文化の変化を明確にするには、時間軸を設定することが不可欠です。私が土器の変化をもとに提示している前・中・後期からなるインダス文明時代の編年案は、インダス文明社会の時間的変化を明らかにするうえで基礎となるものですが、インダス文明社会の衰退を考えるうえでも同様のアプローチが不可欠です。

土器編年に照らし合わせて、ほかの物質文化要素を検討するとさまざまな変化がみえてきます。先に紹介した印章の変化も、この土器編年研究の成果にもとづいたものです。また、土器編年をもとに遺跡の分布を再検討することも重要です。

私が調査に関わったガッガル地方の拠点集落ミタータル遺跡では、インダス文明時代後期から終末期にかけての物質文化、生活スタイルの変化が明らかになっています。前２０００年頃に都市的居住空間が廃絶し、洪水層をはさんで、煉瓦積建物を欠く生活空間へと移行します。その一方で、土器生産が活発になっており、集落の性質が大きく変化したことを示しています。この変化はインダス文明社会の衰退とも連動している可能性が高そうです。

らした。メソポタミアを広く支配したアッカド王朝（前２３５０〜前２１５０年頃）の衰退がこの環境イベントに起因するという説もある。環境変化の影響についての評価は慎重にならざるを得ないが、前２０００年以降、西南アジア各地でさまざまな社会変化が生じたことも事実である。

ミタータル遺跡における居住空間の変化

ミタータル遺跡（ガッガル地方）では、前2000年頃まで都市的な密集型居住空間が展開していたが、それ以降は土坑だけからなる生活空間へと変化する。都市は廃絶され、人々の生活スタイルは大きく変わったが、前1800年頃までは人が暮らし、土器生産などさまざまな活動をおこなっていた。この変化の前後に、洪水が起こったことを示す痕跡も確認されているが、生活スタイルの変化は急激で、都市の衰退と深く連動していると考えられる。

⑥都市空間が廃絶したのちに掘り込まれた土坑群

⑦都市衰退後の土坑から出土した土器群

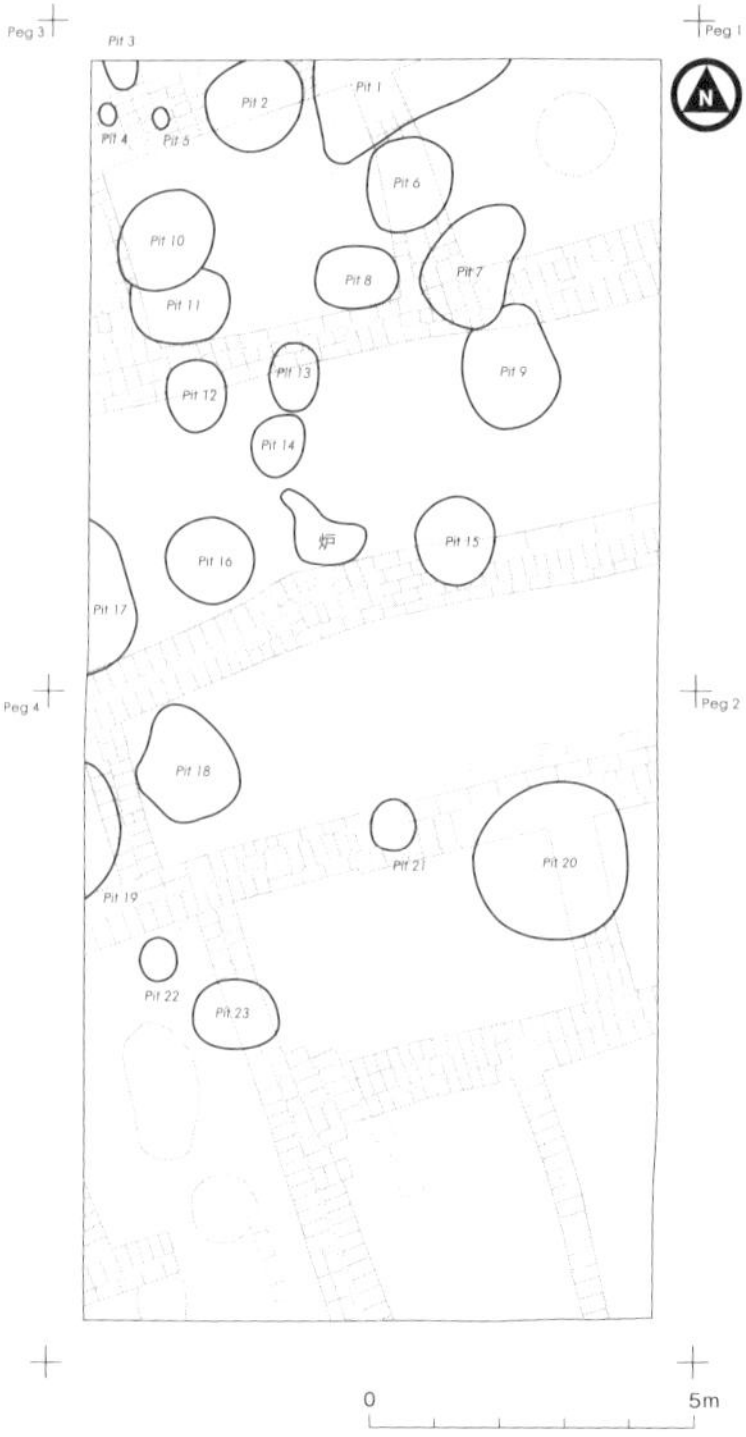

⑧日干煉瓦で築かれた密集型居住空間に切り込んで掘り込まれた土坑群

19 インダス文明衰退の要因とは？

紀元前1900年前後にインダス文明が衰退したことはわかっている一方で、どのような原因で、どのような過程を経て衰退したのかは、これまでよくわかっていなかった。近年の研究によって、自然災害、気候変化、暴力や疾病の増加といった社会の不安定化など、さまざまな現象が文明社会の衰退と並行して起こっていたことが、明らかになりつつある。

モヘンジョダロ遺跡の「虐殺」跡

モヘンジョダロ遺跡（シンド地方）では、遺跡内各所で、墓に伴わない人骨が出土している。なかには路地で行き倒れたかのような状態で発見された例もあり、何か事件に巻き込まれて亡くなり、埋葬されることなく放置された人々であることを示している。

かつてはこれを「虐殺」と考え、モヘンジョダロ、ひいてはインダス文明が滅亡した際の戦闘の痕跡であり、アーリヤ人による侵略を裏づける証拠としてみなす説もあったが、現在では、アーリヤ人による侵略をインダス文明衰退の理由と考える研究者はいない。

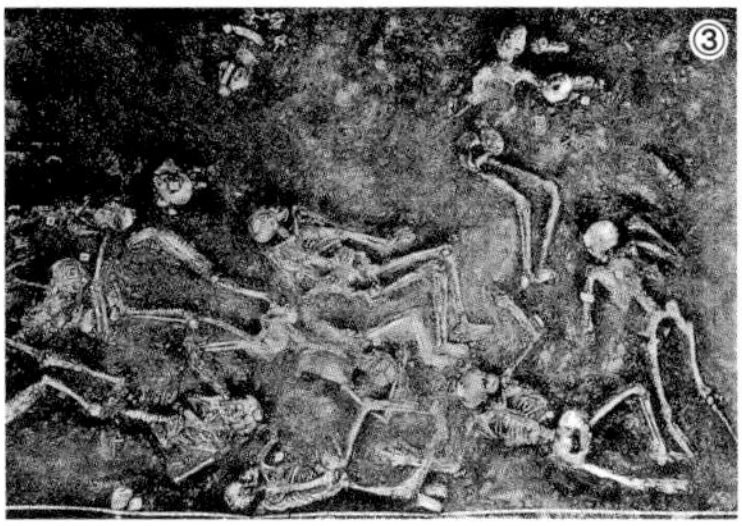

傷病の痕跡がみられる人骨

ハラッパー遺跡（パンジャーブ地方）の墓から出土した人骨の分析によると、前2000年頃以降、暴力による傷を受けた例（④）やハンセン病（⑤）、結核の痕跡を示す例が増えるという。インダス文明社会が衰退に向かう過程で、社会が不安定になっていたことを示す証拠として注目される。ただし、暴力事件の加害者と被害者がどのような人々であったのか不明である。

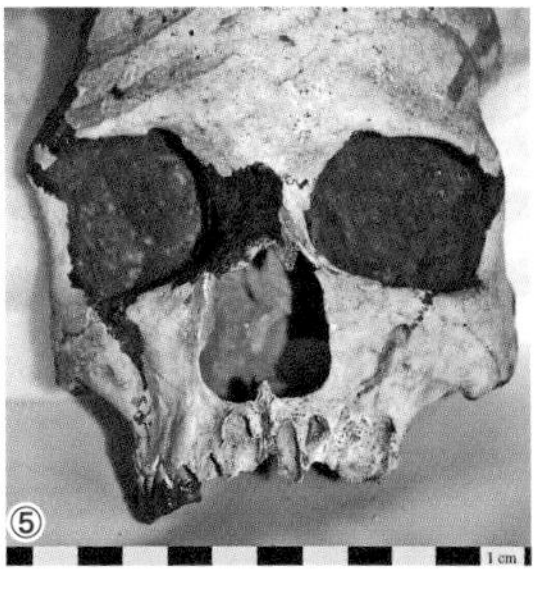

20 インダス文明社会の変遷

インダス文明社会がその成立から衰退までどのように変化を経たのか、これまでの研究の成果にもとづいてご紹介しましょう。

インダス文明の広域型都市社会の成立の発端となったのは、シンド、パンジャーブ地方におけるハラッパー文化の成立にあります。この文化は先行時期のコート・ディジー文化とバローチスターン地方のメヘルガルⅦ期文化が交流を深めて成立したと考えられますが、インダス文明時代前期のうちに周辺地域へと広域に拡大します。各地の地方社会と関係を結び、都市が建設されて文明社会が出発します。インダス印章の出現もこの時期のことですが、そこにはシンド、パンジャーブ地方だけでなく、ガッガル地方も関わっていた可能性があり、地域間交流のなかで、ハラッパー文化を核とした広域型物質文化が生み出されたと考えられます。

中期の段階までにインダス文明時代の都市社会は確立し、西方との超広域型交流ネットワークに深く参画していくようになります。

後期になると、中期の段階までインダス全域で高い共通性を有していたハラッパー文化に変化がみられるようになります。土器でみると、各地で独自の土器様式が誕生しますが、結果として地域間交流の様相はより複雑化します。そうしたなか、印章と文字は最も確立したかたちとなり、中期までをはるかに凌駕する数の印章が生産され流通するようになります。また、この時期、バローチスターン地方南半部ではクッリ文化と呼ばれる在地伝統の文化が台頭し、西方との交流に関わるようになります。さまざまな評価が考えられますが、この時期はインダス文明の都市社会が最も発達した時期とみることができるでしょう。ただし、ハラッパー文化が勢力を弱め、各地の地域社会が自立性を高めたことは、結果的にインダス文明社会の統合力の弛緩をもたらした可能性があります。

紀元前2000年頃を境に各地で都市の変容が生じ、衰退に向かいます。ハラッパー遺跡では前2000年以降、栄養失調や疾病、さらには暴力沙汰が増加することが、出土人骨の分析によって明らかにされていますが、社会が流動化し、不安定になっている様子をみてとることができます。その一方で、グジャラート地方は西方との活発な交流関係を維持しており、インダス文明社会の最後の砦として機能していたようです。

各都市の廃絶の過程はさまざまであったと考えられますが、前1900年前後には各地のインダス文明の都市が放棄され、東方のガッガル地方からガンガー地方西半部、南東のグジャラート地方からインド半島部へと人口移動が生じています。ガッガル地方からガンガー地方ではバーラー文化＝埋納銅器文化が独自のネットワークを形成し、インド半島部ではデカン金石併用文化†や南インド新石器文化†がインダス系の文化伝統や技術の一部を取り入れます。ここにインダス文明の都市社会は解体し、新しい社会の形成へと向かうことになります。

ここであらましを示したインダス文明社会の変化の過程を、どこまでより詳細に描き出すことができるか、今後のインダス文明研究の課題ということができます。文明社会がもつダイナミックな姿を明らかにすること、それが「文明の考古学」の醍醐味といえるでしょう。

†デカン金石併用文化は、インダス地域の東、インド半島部北西部に前3000～前1200年頃にかけて展開した。ムギ類の栽培やコブウシの飼育など、インダス地域から影響を受けたと考えられる文化要素をもつ。銅製品の生産技術や石器製作技術もインダス方面からもたらされたものであろう。

†南インド新石器文化は、インド半島南半部に前3000年頃から前1400年頃にかけて展開した。インド半島部に起源をもつ雑穀の栽培とコブウシの飼育を特徴とする。前2千年紀前半にはコムギやヤギ・ヒツジが出現するなど、インダス方面からの影響が指摘されている。デカン金石併用文化とも関係を有していたことが知られている。

インダス文明衰退後の文化

インダス文明が衰退した後、インダス地域各地では、在地の文化と結びついて新たな文化が形成された。

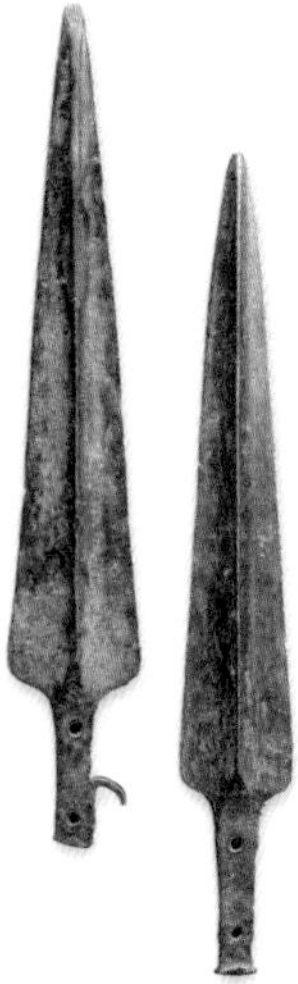

②ガッガル平原東部で出土した銅器。素材には、ケートリー銅鉱山の銅を使用していると考えられる

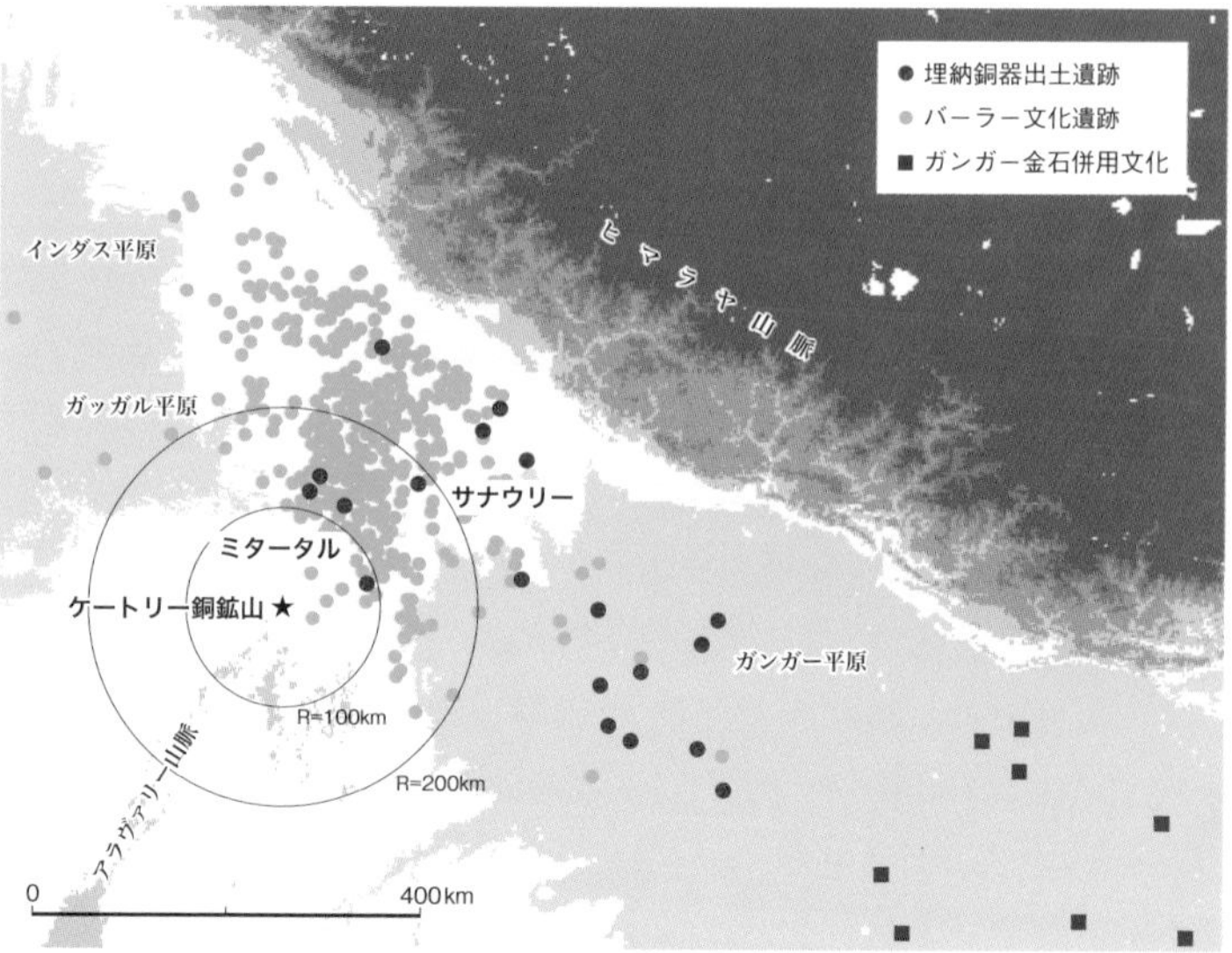

埋納銅器文化：バーラー式土器が東のガンガー平原へと進出した前1800年頃、ガッガル平原東部からガンガー平原の地域では、武器や工具のかたちをした銅器が多数つくられ、地中に埋納されるようになる。何がしかの儀礼に関わるものと考えられ、バーラー文化社会を統合する一つの手段となっていたようである。銅の素材は近隣のケートリー銅鉱山から供給された可能性が高い。

デカン金石併用文化：前1800年頃、デカン高原西半部（現在のマハーラーシュトラ州西部）では、グジャラート地方から流れ込んだインダス文明時代の文化伝統が、デカン金石併用文化に影響を与えるようになる。この文化はデカン高原西半部に展開した農耕牧畜文化で、南の南インド新石器文化とも交流していた。

③デカン金石併用文化を代表するイナームガーオン遺跡（インド、マハーラーシュトラ州）

南インド新石器文化：インド半島部の南半部では、前3000年頃から、雑穀を主とした移動型農業を生業とする南インド新石器文化が展開した。人々が牛糞を焼いて祭りをおこなった際に生じた灰が厚く堆積してマウンドを形成した遺跡が各地に残っている。これをアッシュマウンドと呼ぶ。

④パッラヴォイ遺跡（インド、アーンドラ・プラデーシュ州）のアッシュマウンド

20 新たな地域社会の形成

紀元前1900年頃にインダス文明の都市社会は衰退したが、その文化伝統を継承する人々が新たな社会を構築する。特に東方のガンガー平原やインド半島部へと移住したインダス文明系の人々が、インダス文明時代の都市社会とは異なる狭域型地域社会群を生み出すとともに、非インダス系の社会・文化が広がる地域との交流関係を発達させた。

インダス文明時代後期からポスト文明時代にかけての遺跡分布の変化

ポスト文明時代には、インダス文明時代後期に比べて東方のガッガル地方やグジャラート地方の遺跡数が増加しており、この間に人口の東方移動が生じていたことがわかる。

インダス文明時代後期（前2200～前1900年頃）

ポスト文明時代（前1900～前1500年頃）

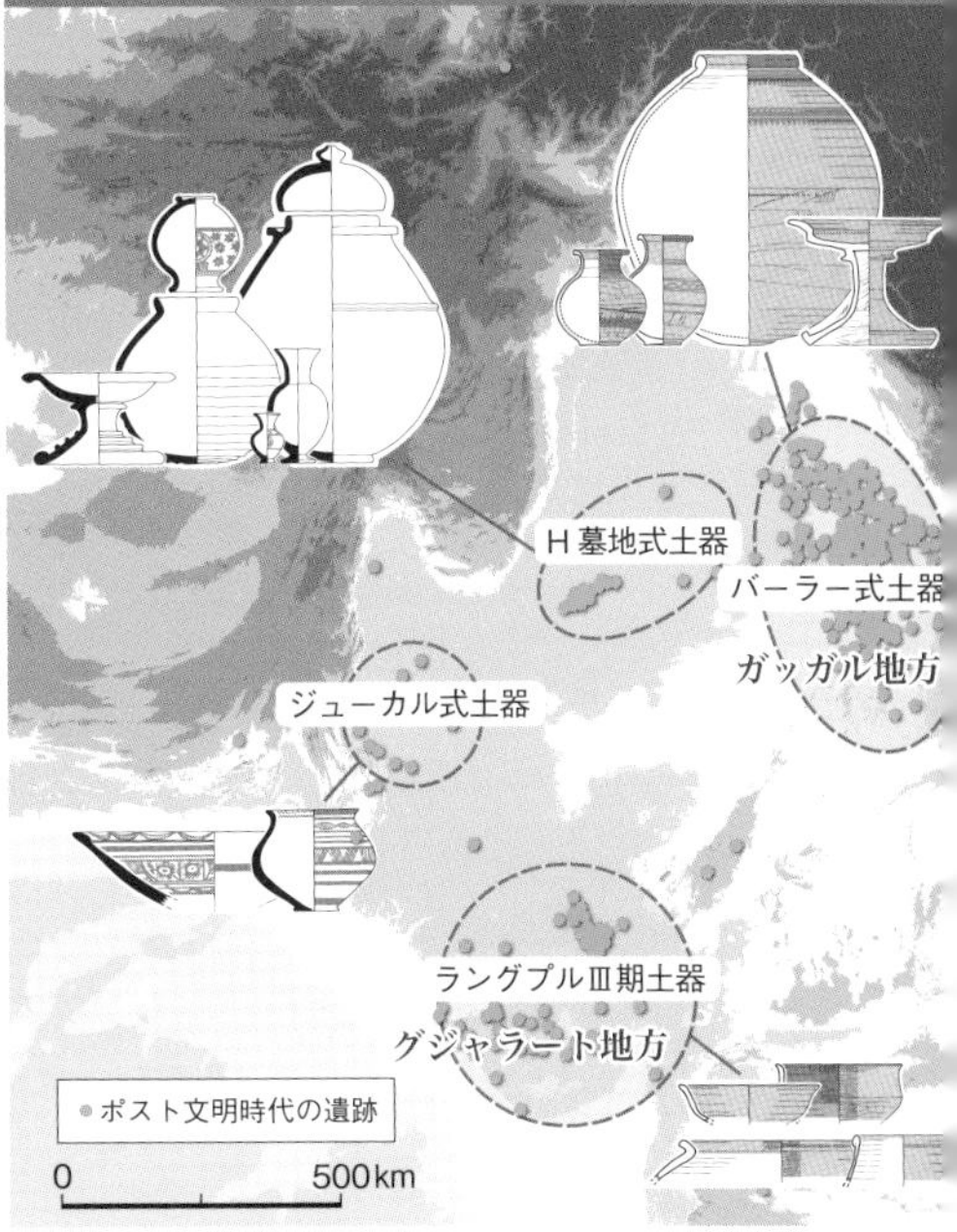

インダス文明の伝統をひくバーラー式土器

①ベードワー２遺跡（ガッガル地方）出土のバーラー式土器

バーラー式土器は、インダス文明時代後期からポスト文明時代にかけてガッガル地方に発達した土器様式で、ハラッパー式土器と在地の土器様式の様式的・技術的融合をみてとることができる。インダス文明衰退後の前1800年頃には、東のガンガー平原西半部にも進出しており、遺跡の分布だけでなく、遺物からも人口の東方移動が確認できる。

21 インダス文明のその後

前章でみたとおり、紀元前１９００年頃に都市社会は衰退しますが、ガッガル地方やグジャラート地方ではインダス文明の時代に培われた技術や文化伝統は存続しました。インダス系集団はガッガル地方からガンガー地方西半部へと、またグジャラート地方からインド半島部へと東方拡散を進め、新たな社会の形成を促すことになったのです。

とりわけ、ガッガル地方からガンガー地方西半部の地域では、インダス系のバーラー文化集団が開発を進め、銅器埋納という儀礼行為を特徴とする社会を生み出しました。その一つであるサナウリー遺跡の近年の調査によって、都市は失ったものの、ポスト文明時代において相当複雑な社会が展開していたことがおぼろげながらに見えつつあります。銅生産や石製装身具、ファイアンス製装身具といった工芸品生産技術も保持し、かなり広域に及ぶ社会を形成していたようです。

同じ頃、ガンガー地方東半部の非インダス系文化集団の活動も活発化し、前2千年紀後半にはガンガー地方に広く進出します。この非インダス系文化とバーラー文化の関係についてはよくわかっていませんが、最終的に非インダス系文化がガンガー地方からガッガル地方に広がり、少なくとも見かけ上はインダス系文化伝統は途絶えることになります。ただし、その基層にはインダス系とガンガー系の文化伝統の融合が潜んでいると考えられます。この文化の融合をもとに成立したガンガー平原の社会は、さまざまな変化を経て前６００年頃に再び都市社会へと発展します。

グジャラート地方では前2千年紀後半の様相が明確ではありませんが、前１０００年頃までにはインダス系文化伝統は終焉を迎え、北インドのガンガー平原やインド半島部の社会と関係を有する新たな社会と文化伝統が形成されることになります。鉄が南アジアに普及しはじめるのも前１０００年頃のことで、その生産技術は急速に南アジア各地に拡散していきます。

インド半島部では南インド巨石文化†と呼ばれる独特の文化が広がりますが、この文化も北インドとの交流を介して、インダス文明につらなる石製ビーズ生産を発達させています。この文化は西暦紀元前後には衰退しますが、インド半島部の社会の発展に大きく貢献し、その後の都市社会の基盤を築きました。

このように、インダス系の文化伝統はかたちを変えながらも新しい時代の社会のなかに取り込まれていきます。上にあげた石製装身具生産は前１０００年以降も活発に続いており、南アジアの文化を特徴づける要素となっています。また俯瞰的にみると、インダス文明の衰退に伴う人口の東方移動は、ガンガー地方やインド半島部の社会に大きな影響を与え、前2千年紀後半以降、南アジアの社会は広域的に再編され、変容していくことになります。

本来、インダス文明は西方の文明世界とつながるなかで発達した都市社会でした。インダス文明時代にも西方との関係は活発に維持されており、西南アジア文明世界の一部をなしていたと評価することができます。しかし、その衰退以降は西方との交流は途絶え、南アジア世界と深く関係するようになります。この点で、インダス文明は西アジアと南アジアをつなぐ文明であったということができるでしょう。

†南インド巨石文化は、前1千年紀を通してインド半島に広く展開した文化である。インド半島各地にこの文化に属する石造建造物（多くは墓）が残されている。この文化のもとで、インド半島各地を結ぶ広域交流ネットワークが形成されるとともに、資源の開発や工芸品生産技術も発達した。その背景には北インドのガンガー平原との交流関係があり、前1千年紀末までに北インドともつながる都市社会がインド半島各地に発達することになった。

南インド巨石文化の発達

前1000年以降、インド半島部には南インド巨石文化が広く展開した。石造の墳墓が各地に築かれ、製鉄や騎馬など、それまでのインド半島部には存在しなかった技術や文化伝統が発達した。

③巨石墓（インド、アーンドラ・プラデーシュ州、カディリラヤチェルヴ遺跡）

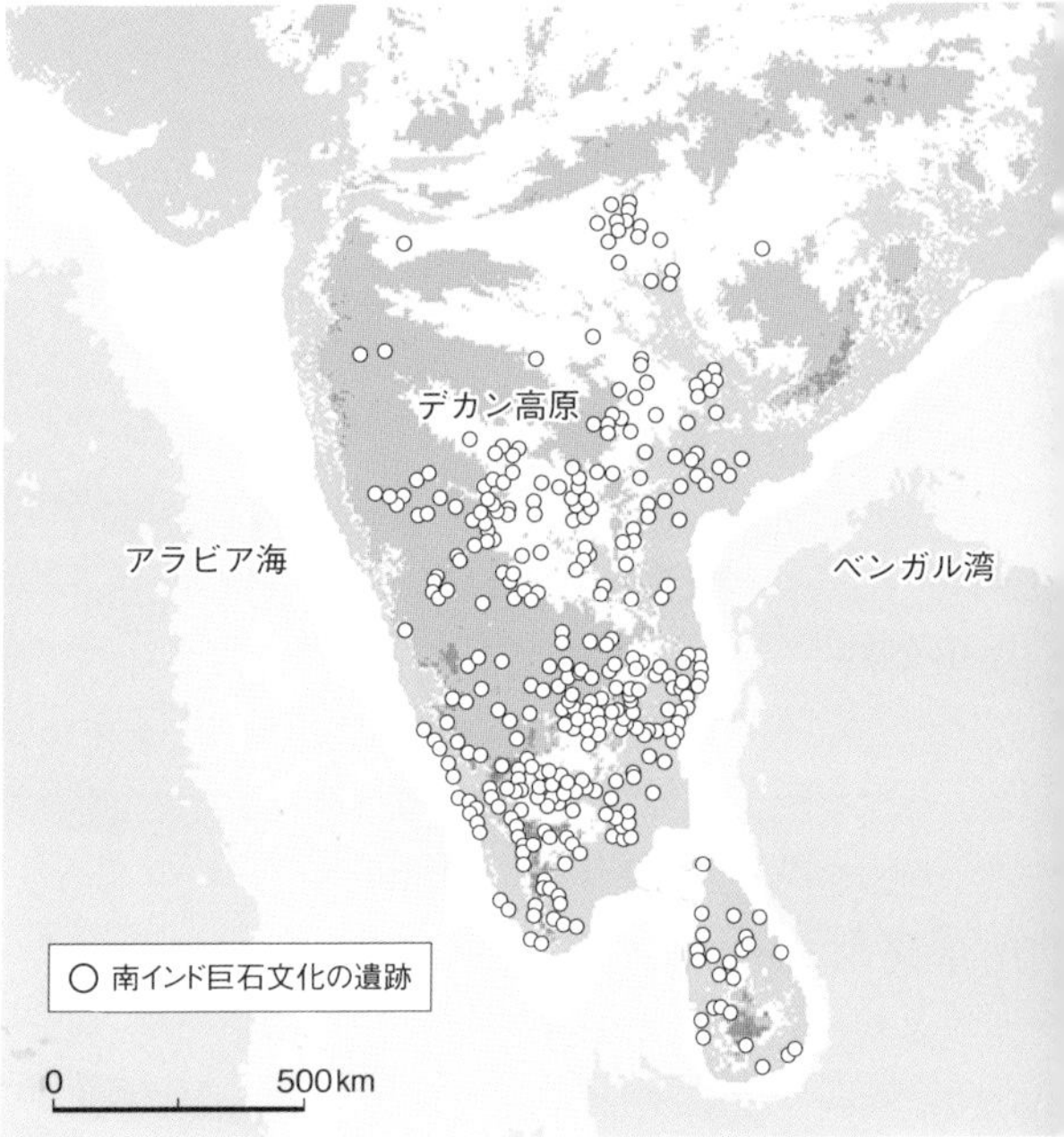

南インド巨石文化の分布

鉄器時代の南アジアにおける地域間交流

鉄器時代は、南アジアの広い範囲で社会と地域間交流ネットワークの再編が生じた時代である。各地の地域社会がつながり、社会の複雑化が進行していった。

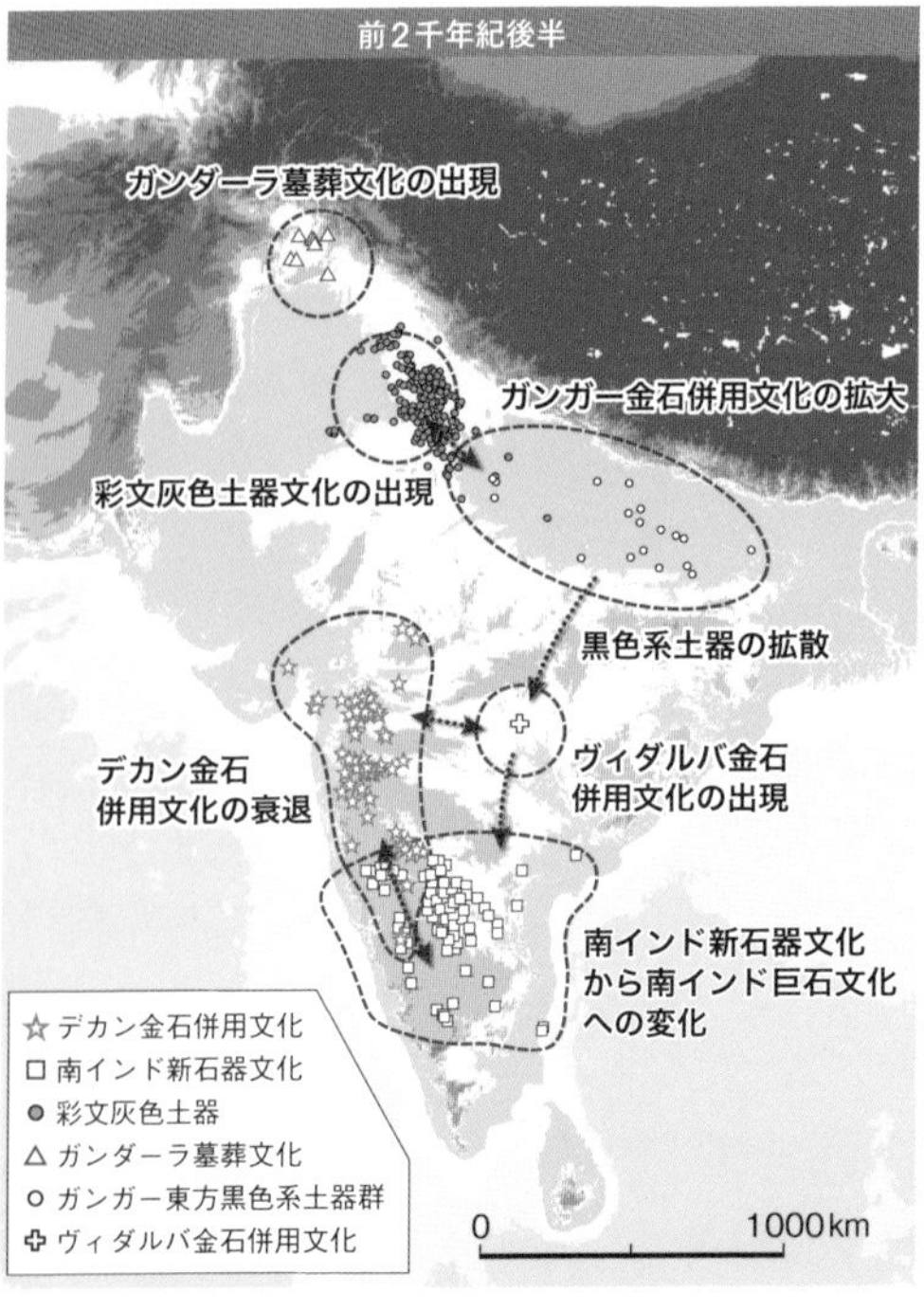

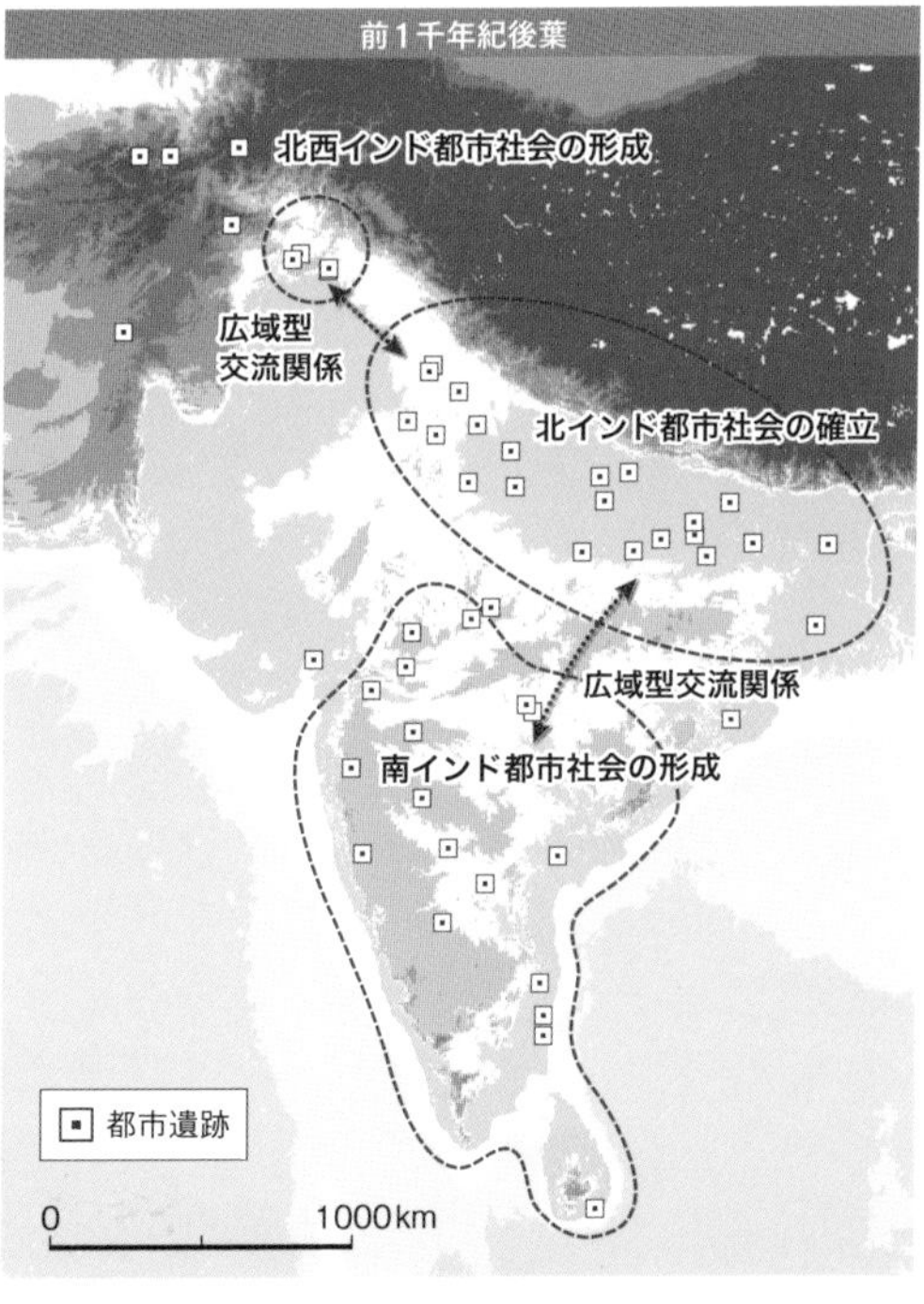

21 南アジア世界の形成

インダス文明が衰退した紀元前1900年以降、新たな交流ネットワークの形成と資源利用を介して、南アジア各地で地域社会が大きく変化していく。北インドでは新たな都市社会の形成が、南インドでは広域型ネットワークが誕生し、紀元前後の時期には南アジア各地を結ぶ広域型交流ネットワークが発達した。南アジア世界の誕生である。

鉄器時代のガンガー平原における文化の変遷

北インドのガンガー平原では、前1500年以降、各地で開発が進み、広域型地域社会が発達する。前600年頃に各地に都市が出現し、アショーカ王で有名なマウリヤ朝の成立へとつながった。

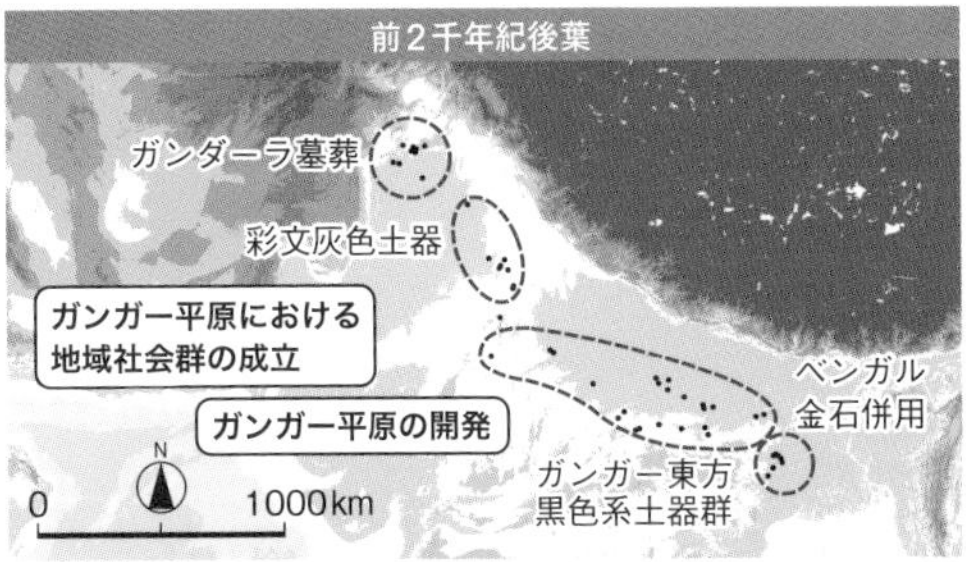

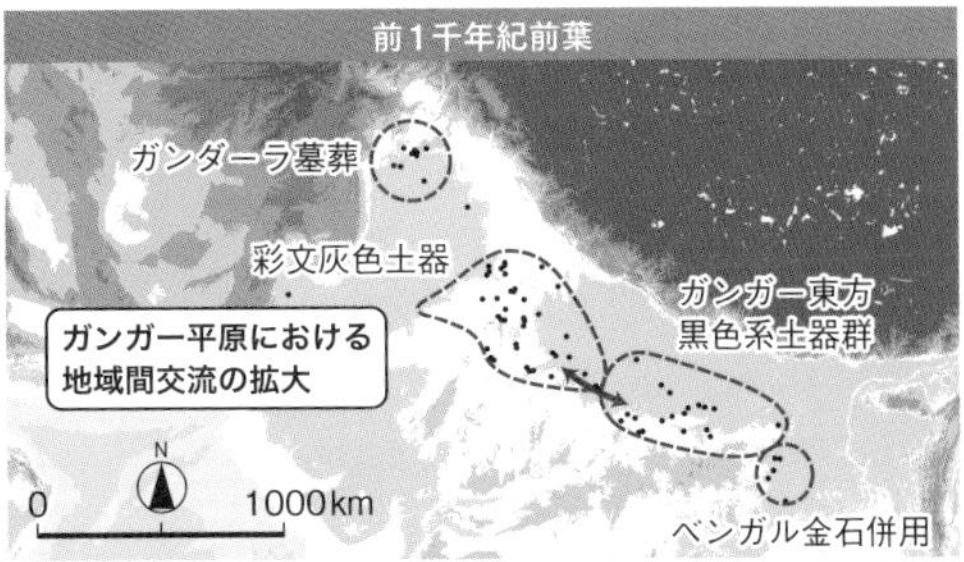

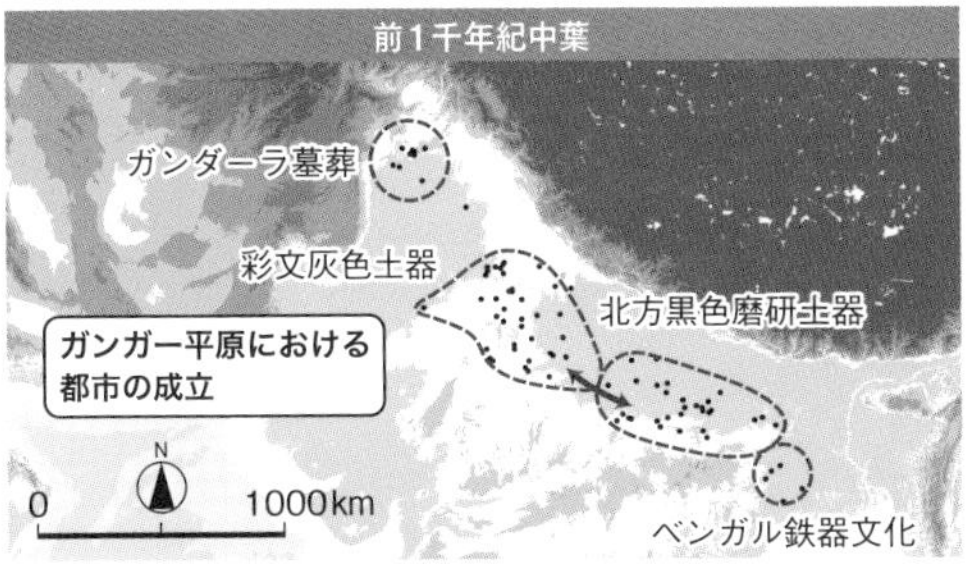

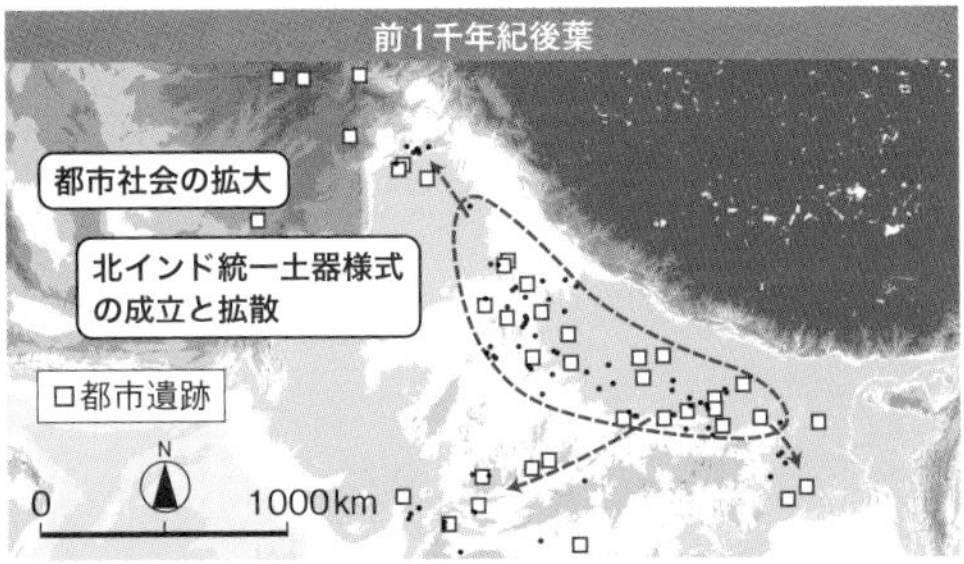

北インド鉄器時代の都市

北インド各地に出現した都市は、前3世紀頃までに城壁をめぐらすようになり、地域社会の拠点、地域間交流の結節点として確立する。この時期に発達した北インドの都市社会は、5世紀頃まで南アジアの歴史において中心的役割を果たした。

①②仏典に登場する「シュラーヴァスティー（舎衛城）」に比定されるマヘート遺跡（インド、ウッタル・プラデーシュ州）とその城門

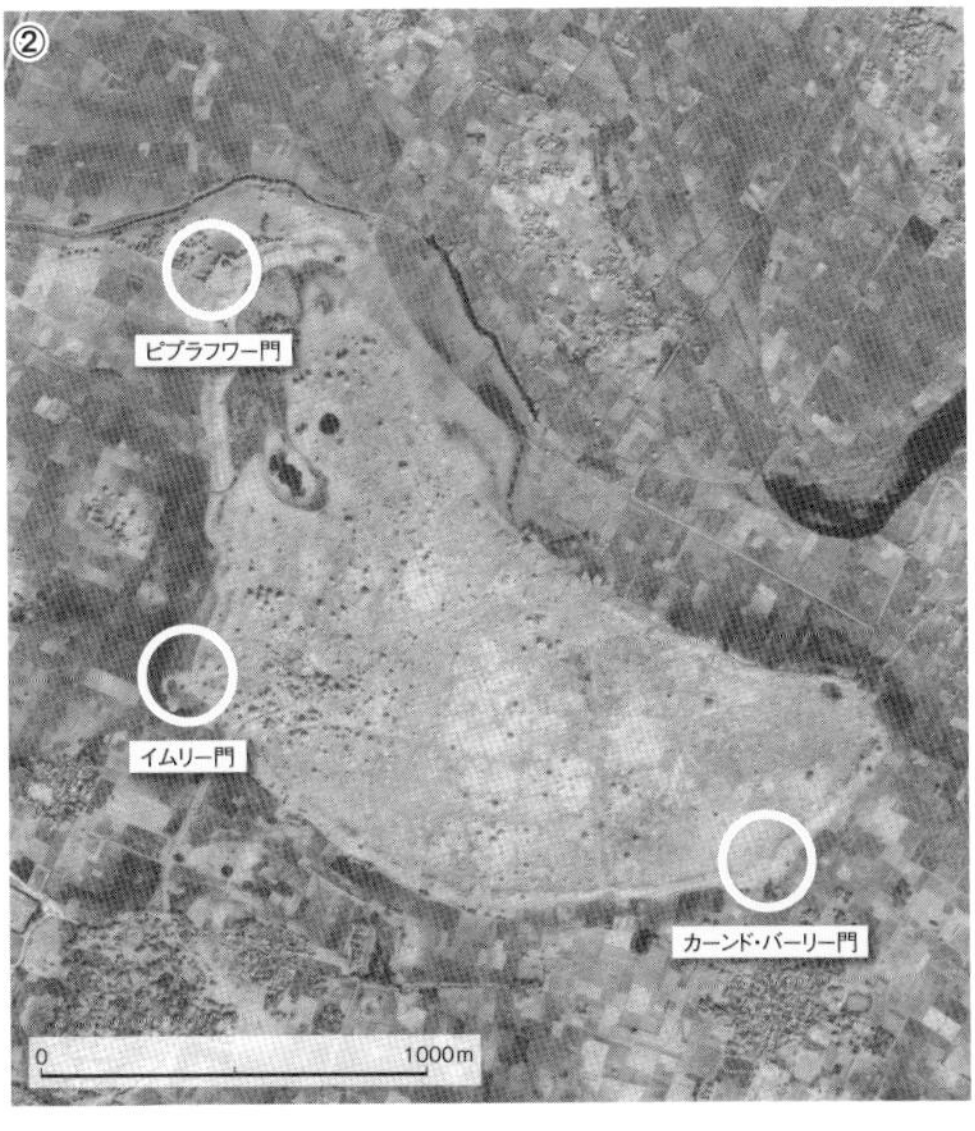

あとがき

19歳の時にインドの地に足を踏み入れてから、はや30年以上の時がすぎました。右も左もわからずに、インドの魅力に取り憑かれ、毎年のようにインドとパキスタンに調査にでかけてきた結果、トータルで10年以上の時間を南アジアで過ごすことになりました。

最初は仏教文化に関心をもち、インド各地の仏跡を訪れるのが常でした。釈迦が活躍し、仏教が発展をとげた鉄器時代から古代にかけての都市遺跡の発掘調査に参加していたこともあり、北インドのガンガー平原における都市社会を研究のテーマに選びました。２００３年に博士論文を出した頃からインダス文明研究にも関心をもつようになり、インドにあるインダス文明遺跡の発掘に明け暮れ、現在にいたっています。結果として、インダス文明の時代から鉄器時代、古代にかけて、長期に及ぶ時間幅のなかで南アジアを研究することになったのは、偶然の産物としか言いようがありません。また、自分が研究の対象とする遺跡だけでなく、南アジア各地に点在する中世のヒンドゥー寺院やイスラーム教のモスク、近代のコロニアル建築もかなり見て回り、それらの壮大さや華麗さ、歴史的奥行きに感動したのを覚えています。ローカルバスに乗って各地を旅したことが、私の南アジア理解の根底にあります。

この数年は、インド、パキスタンのほかに、バハレーンやサウジアラビアでも調査に参加しています。これらアラブ諸国には、たくさんのインド人やバングラデシュ人、パキスタン人が出稼ぎで暮らしていて、発掘調査を手伝ってもらっています。片言のヒンディー語がアラブ諸国の調査でも役に立つとは夢にも思っていませんでした。

本書はインダス文明について紹介したものですが、ご覧のとおり、インダス文明の遺跡や遺物だけでなく、南アジア各地の料理や村の写真も登場します。これらの写真は研究の視点によるものというよりも、好奇心が撮らせたものです。こういう写真はなかなか論文では使う機会がなかったのですが、ビジュアル性の強い本書に使うことができたのは、嬉しいかぎりです。

考古学の研究には、モノを掘り出す楽しみとともに、地道できつい作業が求められます。また、インド、パキスタン各地を調査で転戦するのは、苦労の連続です。ただ、そうしたなかでも、遺跡に立ち、土を掘り返しながら歴史を考えるのは、この上なく楽しい営為です。現地の人々に支えられながら、積み上げてきた研究の成果を本書に盛り込むよう努めました。いまだよくわかっていないインダス文明に対して、読者のみなさんの関心を高めることができればと願う次第です。

本書の執筆にお声をかけてくださった西秋良宏先生、安倍雅史先生、編集の労をとってくださった新泉社・竹内将彦さん、高桑那々美さんに御礼申し上げる次第です。

■英語で書かれた本

『インダスの考古学』
近藤英夫 著
同成社、2011年

『沈黙の世界史8　死者の丘・涅槃の塔』
曽野寿彦、西川幸治 著
新潮社、1970年

『インド考古学の新発見』
B・K・ターパル 著（小西正捷、小磯学 訳）
雄山閣出版、1990年

『パキスタン考古学の新発見』
A・H・ダーニー 著（小西正捷、宗臺秀明 訳）
雄山閣出版、1995年

『インダス文明
　　文明社会のダイナミズムを探る』
上杉彰紀 著
雄山閣、2022年

- ***The Rise of Civilization in India and Pakistan.***
  Allchin, B. and R.
  Cambridge University Press, Cambridge, 1982.
- ***The Roots of Ancient India.***
  Fairservis, W. A. Jr.
  Macmillan, New York, 1971.
- ***Ancient Cities of the Indus Valley Civilization.***
  Kenoyer, J. M.
  American Institute of Pakistan Studies, Karachi, 1998.
- ***Prehistoric India to 1000 B.C.***
  Piggott, S.
  Penguin Books, Baltimore, 1950.
- ***The Indus Civilization: A Contemporary Perspective.***
  Possehl, G. L.
  Vistaar Publications. New Delhi, 2002.
- ***Civilizations of the Indus Valley and Beyond.***
  Wheeler, M.
  Thames and Hudson, London, 1966.
- ***The Ancient Indus: Urbanism, Economy, and Society.***
  Wright, R. P.
  Cambridge University Press, Cambridge, 2009.

写真（上から）
左：コブウシが描かれたバローチスターン地方出土の土器（カトーレック蔵）
右：グリフィンが描かれた土器（古代オリエント博物館蔵）
バローチスターン地方出土の動物土偶（岡山市立オリエント美術館蔵）
現代の南アジアのナーン／現代の南アジアの香辛料

インダス文明について学べる本

本書を読んでインダス文明に興味をもったという人のために、次に読んでほしい代表的なインダス文明の概説書をご紹介します。また、海外での重要な研究が多数ある分野でもあるため、英語の文献も取りあげておきます。

なお、本書の執筆にあたってもここにあげた文献を参照しています。

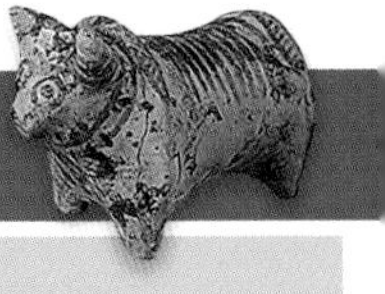

■日本語で書かれた本

『インダス文明』
モーティマー・ウィーラー 著（曽野寿彦 訳）
みすず書房、1966年

『インダス文明の流れ』
モーティマー・ウィーラー 著（小谷仲男 訳）
創元社、1971年

『インダス考古学の展望 インダス文明関連発掘遺跡集成』
上杉彰紀 著
総合地球環境学研究所/インダス・プロジェクト、2010年

『カトーレック所蔵バローチスターンの彩文土器と土偶』
上杉彰紀 著
カトーレック、2017年

『世界四大文明 インダス文明展』
NHK、NHKプロモーション編
2000年

『インダス文明の謎：古代文明神話を見直す』
長田俊樹 著
京都大学学術出版会、2013年

『インダス 南アジア基層世界を探る』
長田俊樹 編著
京都大学学術出版会、2013年

『インダス文明 インド文明の源流をなすもの』
辛島 昇、桑山正進、小西正捷、山崎元一 著
日本放送出版協会、1980年

『インダス文明の社会構造と都市の原理』
小茄子川歩 著
同成社、2016年

『四大文明 インダス』
近藤英夫 編
日本放送出版協会、2000年

写真（上から）
現代の南アジアにみられる角に対する信仰（ウシ）
バローチスターン地方出土の動物土偶（岡山市立オリエント美術館蔵）
ファルマーナー遺跡出土の印章（デカン大学考古学科蔵）

【10】

印章に刻まれた図柄：Joshi, J. P. and A. Parpola 1987. *Corpus of Indus Seals and Inscriptions 1. Collections in India*. Memoirs of the Archaeological Survey of India no.86. Suomalainen Tiedeakatemia, Helsinki.; Shah, S. G. M. and A. Parpola 1991. *Corpus of Indus Seals and Inscriptions 2: Collections in Pakistan*. Memoirs of the Department of Archaeologyand Museums, Government of Pakistan, vol.5. Suomalainen Tiedeakatemia, Helsinki. ※一部、筆者撮影の写真を含む。写真の転載についてはAsko Parpola氏より許可を得た。

印章スタイルの変化：Joshi, J. P. and A. Parpola 1987. *Corpus of Indus Seals and Inscriptions 1. Collections in India*. Memoirs of the Archaeological Survey of India no.86. Suomalainen Tiedeakatemia, Helsinki.; Shah, S. G. M. and A. Parpola 1991. *Corpus of Indus Seals and Inscriptions 2: Collections in Pakistan*. Memoirs of the Department of Archaeologyand Museums, Government of Pakistan, vol.5. Suomalainen Tiedeakatemia, Helsinki. ※一部、筆者撮影の写真を含む。

印章の彫刻技術：古段階・新段階（上）は小茄子川歩氏提供、古段階（上）・新段階（上）：ファルマーナー遺跡出土、古段階（下）：ビッラーナー遺跡出土、中段階・新段階（下）：バガーサラー遺跡出土

【11】

土器に記された記号：デカン大学考古学科蔵

ドーラーヴィーラー遺跡の看板：Bisht, R. S. 2015. *Excavations at Dholavira (1989-90 to 2004-05)*. Archaeological Survey of India, New Delhi. Fig. 8.4.

【12】

①②グムラー遺跡出土、ペシャーワル大学博物館蔵

③④出土地不詳、カトーレック蔵

⑤岡山市立オリエント美術館蔵

【13】

①③ファルマーナー遺跡出土、デカン大学考古学科蔵

②④⑤⑥ハリヤーナー州所在の遺跡出土、ヴィヴェーク・ダーンギー氏蔵

⑦遠藤仁氏撮影、カーンメール遺跡出土、ラージャスターン・ヴィディヤピート大学考古学科蔵

⑧adアアリー遺跡出土、bcカーンメール遺跡出土

【15】

②遠藤仁氏撮影、カーンメール遺跡出土、ラージャスターン・ヴィディヤピート大学考古学科蔵

【16】

①～③モヘンジョダロ遺跡出土

④a～fモヘンジョダロ遺跡出土

⑥古代オリエント博物館蔵

⑦⑧Joshi, J. P. and A. Parpola 1987. *Corpus of Indus Seals and Inscriptions 1. Collections in India*. Memoirs of the Archaeological Survey of India no.86. Suomalainen Tiedeakatemia, Helsinki. *Corpus of Indus Seals and Inscriptions 2: Collections in Pakistan*. Memoirs of the Department of Archaeology and Museums, Government of Pakistan, vol.5. Suomalainen Tiedeakatemia, Helsinki.

【17】

①ウル遺跡出土、大英博物館蔵、展示資料を撮影

② https://en.wikipedia.org/wiki/Royal_Cemetery_at_Ur#/media/File:Funeral_procession_at_Ur,_circa_2600_BCE_(reconstitution).jpg/

③④⑤出土地不詳、大英博物館蔵

⑥⑦出土地不詳、ルーヴル美術館蔵

⑧左：サール遺跡出土、右：カルザッカン遺跡出土、いずれもバハレーン政府文化古物局蔵

⑨⑩出土地不詳、メトロポリタン美術館蔵 https://www.metmuseum.org/art/collection/search/329073; https://www.metmuseum.org/art/collection/search/329076

【18】

①②バハレーン政府文化古物局蔵

③カルザッカン遺跡出土、バハレーン政府文化古物局蔵

④サール遺跡出土、バハレーン政府文化古物局蔵

⑤出土地不詳、バハレーン政府文化古物局蔵

⑥ワーディー・アッ＝サイル遺跡出土、バハレーン政府文化古物局蔵

【19】

①～③Marshall, J. H. 1931. *Mohenjo-daro and the Indus Civilization*. Arthur Probsthain, London. Pl. XLIIIa, XLVIa, LIXc.

④Robbins Schug, G., K. Gray, V. Mushrif-Tripathy and A. R. Sankhyan 2012. A peaceful realm? Trauma and social differentiation at Harappa. *International Journal of Paleopathology* (2012), http://dx.doi.org/10.1016/j.ijpp.2012.09.012: 136-147. Fig. 5.

⑤Robbins Schug, G., K. E. Blevins, B. Cox, K. Gray and V. Mushrif-Tripathy 2013. Infection, Disease, and Biosocial Processes at the End of the Indus Civilization. *PLoS One* 8(12): e84814. doi: 10.1371/journal.pone.0084814: 136-147. Fig. 7C

④⑤の転載にあたってはG. Robbins Schug氏より許可を得た。

【20】

①ヴィヴェーク・ダーンギー氏蔵

②グルクル博物館蔵

【21】

②NTT DATA衛星写真

＊上記以外は本書の筆者が撮影・作成した。

図版の出典・掲載資料の所蔵先（※該当ページに記載したものを除く）

【カバー】
モヘンジョダロ遺跡：© iStock.com/ G R Talpur
彩文土器：出土地不詳、カトーレック蔵
土偶：グムラー遺跡出土、ペシャーワル大学蔵
印章：バガーサラー遺跡出土、マハーラージャ・サヤージーラーオ・バローダー大学蔵

【扉】
上：出土地不詳、カトーレック蔵
下：グムラー遺跡出土、ペシャーワル大学博物館蔵

【01】
ユーラシア大陸の古代文明：Earthstar Geographics衛星画像を使用

【02】
①河合望氏撮影・提供
② https://commons.wikimedia.org/wiki/File:Ur-Nassiriyah.jpg/ M. Lubinski from Iraq,USA., CC BY-SA 2.0 <https://creativecommons.org/licenses/by-sa/2.0>, via Wikimedia Commons.
③ https://whc.unesco.org/en/documents/115044/（© Hong bin Yue）
④ Marshall, J. H. 1931. *Mohenjo-daro and the Indus Civilization*. Arthur Probsthain, London. Pl. XIXb.
⑨上：ファルマーナー遺跡出土、デカン大学考古学科蔵、下：バガーサラー遺跡出土、マハーラージャ・サヤージーラーオ大学考古学・古代史学科蔵
⑩バガーサラー遺跡出土、マハーラージャ・サヤージーラーオ大学考古学・古代史学科蔵
⑪ハリヤーナー州所在の遺跡出土、ヴィヴェーク・ダーンギー氏蔵
⑫カーンメール遺跡出土、ラージャスターン・ヴィディヤピート大学考古学科蔵
⑬ハリヤーナー州所在の遺跡出土、ヴィヴェーク・ダーンギー氏蔵

【03】
①写真上：バナーワリー遺跡出土、ヴィヴェーク・ダーンギー氏蔵、写真下：ファルマーナー遺跡出土、デカン大学考古学科蔵
③aミタータル遺跡出土、ヴィヴェーク・ダーンギー氏蔵、bdeカーンメール遺跡出土、ラージャスターン・ヴィディヤピート大学考古学科蔵、cファルマーナー遺跡出土、デカン大学考古学科蔵、f出土地不詳、カトーレック蔵

【04】
① Cunningham, A. 1875. *Report for the year 1872-73. Archaeological Survey of India-Annual Report* 5. Archaeological Survey of India, Simla. Plate XXXII, XXXIII.
②Wheeler, R. E. M. 1947. Harappa 1946: The Defences and Cemetery R37. *Ancient India* 3: 58-130.: Plate XXII.
③小磯学氏撮影・提供
⑥ジョナサン・マーク・ケノイヤー氏提供
⑦清水康二氏撮影・提供

【05】
①出土地不詳、古代オリエント博物館蔵
②⑥グムラー遺跡出土、ペシャーワル大学博物館蔵
③出土地不詳、カトーレック蔵
④ギラーワル遺跡出土、デカン大学考古学科蔵
⑤ローテーシュワル遺跡出土、マハーラージャ・サヤージーラーオ大学考古学・古代史学科蔵
⑧宗基秀明氏撮影・提供
⑩ケーララ大学考古学科撮影・提供
先文明時代の幾何学文印章：ナーグワダー遺跡出土、マハーラージャ・サヤージーラーオ大学考古学・古代史学科蔵

【06】
インダス文明の都市の構造：以下の掲載図を再トレースした図をもとに作成 ①Bisht, R. S. 1997. Dholavira Excavations: 1990-94. in: J. P. Joshi (eds.) *Facets of Indian Civilization*. Aryan Books International, New Delhi. pp.107-120.
②*Indian Archaeology* - A Review 1987-88. Fig. 1.
③Rao, S. R. 1979. *Lothal: a Harappan Port Town 1955-62*, vol. 1. Memoirs of the Archaeological Survey of India no.78. Archaeological Survey of India, New Delhi. Fig. PLATE XXXVIII.
④ Jansen, M. 1984. Theoretical Aspects of Structural Analyses for Mohenjo-Daro. in: M. Jansen and G. Urban (eds.) *Interim Reports Vol.1: Reports on Field Work carried out at Mohenjo-Daro, Pakistan 1982-83 by the IsMEO-Aachen-University Mission*. German Research-Project Mohenjo-Daro, RWTH, Aachen and Istituto Italiano per Il Medio ed Estremo Oriente, Aachen/Rome. pp. 39-62. Fig. 1.
⑤Kenoyer, J. M. 1991. Urban Process in the Indus Tradition: A Preliminary Model from Harappa. in: R. H. Meadow (ed.) *Harappa Excavations 1986-90: A Multidisciplinary Approach to Third Millennium Urbanism*. Prehistory Press, Madison. pp. 29-60. Fig. 4.2.
⑥Lal, B. B., J. P. Joshi, M. Bala, A. K. Sharma and K. S. Chandran 2015. *Excavations at Kalibangan: The Harappans (1960-69)*, part 1. Memoirs of the Archaeological Survey of India 110. Archaeological Survey of India, New Delhi. Fig. 4.1.
⑦Quivron, G. 2000. The Evolution on the Mature Indus Pottery Style in the Light of the Excavations at Nausharo, Pakistan. *East and West* 50 (1-4): 147-190. Fig. 2.
モヘンジョダロの城塞部：Wheeler, R. E. M. 1953. The Indus Civilization. Cambridge University Press, Cambridge, Fig.6. を再トレース

【07】
①②Marshall, J. H. 1931. *Mohenjo-daro and the Indus Civilization*. Arthur Probsthain, London. Pl. XXXIX. Shinde, V., T. Osada and Manmohan Kumar (eds.) 2011. *Excavations at Farmana, Rohtak District, Haryana, India 2006-2008*. Indus Project, Research Institute for Humanity and Nature, Kyoto. Figure 5.68. を再トレースした図をもとに作成

【08】
インダス地域の気候と栽培植物：Earthstar Geographics衛星画像を使用、等雨量線はデラウェア大学地理・空間科学科による年間降水量データ（http://climate.geog.udel.edu/~climate/html_pages/Global2_Ts_2009/Global_p_ts_2009.html）にもとづく
①小磯学氏撮影・提供
④～⑨中山誠二氏提供、⑥はジャウラー・カーラーン遺跡出土、ほかはシカールプル遺跡出土
⑩ab出土地不詳、カトーレック蔵、cd出土地不詳、古代オリエント博物館蔵

シリーズ「古代文明を学ぶ」

刊行にあたって

文明とは何かについて考えたことがあるでしょうか。

その定義については、過去1世紀以上もの間、さまざまな見方が提示されてきました。シリーズ「古代文明を学ぶ」では、文明の本質は現代のように複雑きわまる社会を支える仕組みにあると捉えます。人類は、数百万年も前に現れた当時、はるかに単純な社会を営んでいたはずです。では、いったい、いつから、複雑な社会への道筋が生まれ、「文明」ができあがったのか。

文明の起点を理解するには、長い社会変化の枝葉をそぎ落として根源を考察できる考古学が有効です。古代文明が早くに誕生した地域に出向き、その経緯を現場で調べる研究を日本人考古学者が本格的に開始したのは1950年代です。未曾有の惨事となった世界大戦をもたらした「文明」について再考しようという世界的な動向の一部でもあったと伝わっています。

嚆矢となったのは、新旧両大陸における古代文明の起源を比較研究するという壮大なテーマを掲げて、それぞれの大陸で最古の文明痕跡を有する地域に派遣された2つの調査団でした。そして、中東のメソポタミア（1956年）、南米のアンデス（1958年）で長期的な調査が開始されました。以後、日本人による現地調査はめざましい発展をとげ、世界各地で花開いたユニークな古代文明を解き明かすべく数十カ国で現地研究を展開するにいたっています。

本シリーズは、各地の古代文明研究の最先端をお示しするものです。第一線で活躍する日本人研究者によるナラティヴをとおして、海外での考古学調査の意義や興奮、感動とともに最新の調査成果をお届けします。

文明の成り立ちを学ぶことは、現代社会を支える仕組みの由来を理解することにほかなりません。また他地域の文明を学ぶことは、みずからの社会の特質について考えることに直結します。本企画が時空を超えた対話の機会を提供し、文明社会がよってきた道のりと行く末について思いを馳せる舞台となることを念じています。

2023年6月　　　　監修者　西秋良宏

著者紹介

上杉彰紀（うえすぎ・あきのり）

1971年、石川県生まれ。

関西大学大学院文学研究科博士課程後期課程単位取得退学。博士（文学）。

総合地球環境学研究所プロジェクト研究員、金沢大学古代文明・文化資源学研究所特任准教授などを経て、2023年4月より鶴見大学文学部文化財学科准教授。

関西大学在学中よりインドにある鉄器時代・古代の都市遺跡であるマヘート遺跡の発掘調査に参加し、その後、総合地球環境学研究所の「環境変化とインダス文明」プロジェクトの一環として、インドにあるファルマーナー遺跡、ギラーワル遺跡、カーンメール遺跡、ミタータル遺跡など、インダス文明時代の遺跡の発掘調査に携わった。現在では、インド、パキスタンでさまざまな研究プロジェクトに関わるほか、バハレーンでも考古学調査をおこなっている。

主な著作『インダス文明　文明社会のダイナミズムを探る』（雄山閣、2022年）、『バハレーン　西南アジア文明世界を結んだアラビア湾の小島』（鶴見大学、2023年）、『カトーレック所蔵バローチスターンの彩文土器と土偶』（カトーレック、2017年）ほか。

装　幀　コバヤシタケシ
本文レイアウト　菊地幸子
図　版　松澤利絵

シリーズ「古代文明を学ぶ」
インダス文明ガイドブック

2023年11月20日　第1版第1刷発行

著　者　上杉彰紀
発　行　新 泉 社
東京都文京区湯島1－2－5　聖堂前ビル
TEL 03（5296）9620 ／ FAX 03（5296）9621
印　刷　三秀舎
製　本　榎本製本

ISBN978-4-7877-2312-3　C1022